버리고 비우고 낮추기

무아 · 무심 · 하심의 행복론

버리고 비우고 낮추기

무아 · 무심 · 하심의 행복론

초판 1쇄 발행	2013년 6월 7일
초판 2쇄 발행	2013년 11월 25일

지은이	정승석
펴낸이	윤재승
펴낸곳	민족사
책임편집	사기순
본문 디자인	김다정
표지 디자인	나라연
기획편집팀	사기순, 고다영
영업관리팀	이승순, 공진희
출판등록	1980년 5월 9일 제1-149호
주소	서울 종로구 수송동 58번지 두산위브파빌리온 1131호
전화	02-732-2403, 2404
팩스	02-739-7565
홈페이지	www.minjoksa.org
페이스북	www.facebook.com/minjoksa
이메일	minjoksabook@naver.com, minjoksa@chol.com

ⓒ 정승석, 2013, Printed in Seoul, Korea
ISBN 978-89-98742-06-5 03220

★ 이 책 내용의 전부 또는 일부를 재사용하려면 반드시 저작권자와 출판사의 서면 동의를 받아야 합니다.
★ 책값은 뒤표지에 있습니다. 잘못된 책은 바꿔 드립니다.

버리고
비우고
낮추기

무아·무심·하심의 행복론

정승석 지음

민족사

차례

머리말 • 8

1장
행복과 불행

당신의 행복지수는? ·· 14
욕구 충족으로 이루어진 행복의 한계 ······················· 20
행복의 정체, 오욕락에 대한 의심·····························25
거친 바다를 떠다니는 탐욕이라는 이름의 배·············29
불만족에서 오는 고통, 불행의 알맹이······················34
영원하지 않은 것에 대한 집착이 고통을 일으킨다 ·········39
고통의 주체는 욕구를 가진 마음 ······························45

2장
자아와 무아

무상을 뛰어넘어 행복으로 ·····································52

마음의 주체는 자아인가? ·················· 57
자아를 절대시한 옛 철학자들의 관념 ············· 63
자아에 관한 상식과 고정관념 ················ 69
오온, 부처님이 인정한 자아의 정체 ············· 75
자아와 영혼의 정체는 업 덩어리인 오온 ··········· 82
자아 관념의 병폐는 아집 ·················· 89
무아에 대한 올바른 이해 ·················· 96
무아를 깨닫는 성찰 ···················· 101

3장
무아와 무심

탐욕에서 멀어지는 것이 무아의 시작 ············ 110
간파하기도 끊기도 어려운 집착 ·············· 116
고통도 감수하게 만드는 자기만족에 대한 집착········ 122
무심은 집착을 버리기 위해 노력하는 마음········· 127
죽음도 극복할 수 있는 무심 ················ 134
무심이 우리 생활에 미치는 영향 ·············· 141
무심을 방해하는 기억 ··················· 147

4장
무심과 하심

남을 이롭게 하는 무심 ·· 156
무심은 우리 마음의 본바탕 ··· 161
무심을 일상화하는 평상심·· 166
반지의 제왕, 무심과 평상심의 혼연일체로
탐욕을 제거하다 ·· 173
진정한 하심은 사소한 일에서부터 발현된다 ··················· 181
하심을 가로막는 교만을 억제하라 ································ 186
하심, 자비심을 실천하기 위한 첫 단계 ························· 194

5장
하심의 행복

불행을 이기고 행복해지는 길 ······································ 202
재산에 대한 하심·· 208
명예욕에 대한 하심·· 213
현대인들에게 절실한 하심··· 221
나를 버리고 얻는 참된 행복 ·· 227

머리말

솔직히 말해서 뭐가 행복인지 모르겠습니다. 그러나 지금은 편하지 않을 때가 많으므로 이것이 행복한 상태가 아니라는 것은 알겠습니다.

돌이켜 보면 행복했다고 여길 만한 경험이 없진 않았는데, 그 기간을 시간으로 헤아리자니 너무 짧았던 것 같습니다. 아무리 다 모아 봤자 몇 년? 아닙니다. 몇 개월? 이 정도도 아닐 것입니다. 며칠? 내 나이로 보건대 그 정도는 되어야겠지요. 그런데 실은 몇 시간 정도밖에 되지 않나 싶습니다. 아마 더 나이가 들면 몇 분, 몇 초 정도로 느끼게 될까봐 겁납니다.

그래도 어릴 때는 참 행복했지 하는 생각이 듭니다. 특별히 그런 생각이 들만한 이유는 없습니다. 그냥 그렇게 생각됩니다. 어릴 때라면 몇 살 때까지인지 생각해 봅니다. 공부할 생각도 없었는데, 좋은 학교에 가기 위해 좋은 성적을 얻어야만 하도록 몰리게 되기 전까지가 행복했던 것 같습니다.

지금 이렇게 살게 된 것은 공부를 잘한 덕분이라고들 합니다. 사실 그렇기는 합니다. 하지만 그 어릴 때의 기억만큼 행복하다고 느낀 적은 없네요. 행복하기로는 나를 부러워했던 고향의 친구들이 나보다 더 나을 것으로 확신합니다. 그런데도 부유하기로 말하면 나보다 잘 살고 있는 옛 친구들은 내가 행복할 것으로 믿는 듯합니다. 아마 교수라는 직업을 명예로 여긴 탓일 것입니다. 천만의 말씀입니다.

내가 촌부로 살고 있었다면 지금보다 행복했을 것이 확실합니다. 자의든 타의든 바라는 것이 많을수록, 또는 바라는 강도가 셀수록 행복감은 줄어듭니다. 어릴 때가 행복했다고 기억하는 것도 이 때문일 것입니다. 좋은 성적이나 특기를 행복의 지름길로 강요받기 전까지의 어릴 때 말입니다.

그렇다면 행복의 비결도 간단합니다. 바라는 것을 가능

한 대로 줄이는 것입니다. 하지만 우리는 그렇게 살지 못합니다. 이 책에서는 이런 문제를 되짚어 보고, 행복해질 수 있는 최선책을 전달하려 합니다.

물론 여기서 전달하려는 것은 부처님의 가르침을 나름대로 이해한 내용입니다. 이 내용이 불교를 표방한 것이라고 해서, 불교 신자에게만 통용되는 것일 수는 없습니다. 신봉하는 종교가 있든 없든, 또는 그 종교가 무엇이든, 행복이 우리의 마음가짐에 달려 있다는 것은 불변의 사실입니다. 이 책의 주제가 바로 그런 마음가짐입니다.

이 책의 요지는 무아를 깨닫고 무심과 하심으로 살아가는 데서 진정한 행복을 누릴 수 있다는 것입니다. 무아, 무심, 하심이 너무 거창한 듯하여 그 요지가 실감나게 다가오지 않을지 모르겠습니다. 그러나 이것들을 아무리 고상하고 지고한 경지로 설명한들, 탐욕과 아집을 버리라는 결론은 한결같습니다.

자신이 탐욕과 아집에 빠져 있다고 생각하는 사람은 거의 없을 것 같습니다. 그렇다면 항상 행복하게 지내고 있는 셈입니다. 그런데도 행복하다는 생각이 들지 않는다면 뭔가 이유가 있겠지요. 분명히 욕심 부리거나 집착하는 것은 있을 것입니다. 우리에게는 욕심과 집착이 탐욕과 아집입니다.

우리가 살아가면서 욕심과 집착을 완전히 버릴 수는 없겠지만, 줄일 수는 있을 것입니다. 아무쪼록 이 책 덕분에 욕심과 집착을 줄일 수 있게 된다면, 이는 부처님의 공덕이고 이 책을 출판한 민족사의 공덕입니다.

2013년 화창한 봄날
정승석 합장

【 일러두기 : 용어 풀이 】

이 책에서 불가피하게 사용한 불교 용어는 본문 중에 설명해 놓았습니다. 그러나 자주 사용한 용어들 중 중요한 것을 골라, 여기에 그 기본 의미를 제시해 둡니다.

- 무상(無常) : 영원히 존재하는 것은 없음. 변하여 소멸하지 않는 것은 없다는 사실.
- 무심(無心) : 마음에 집착이 없는 것.
- 무아(無我) : 기존의 자아 관념을 받아들이지 않는 것.
- 염리(厭離) : 싫어하여 멀리하는 것, 특히 아집을 버리는 것.
- 오온(五蘊) : 몸과 마음과 물질적 환경, 명색名色을 다섯으로 분류한 것. 즉 색(色) · 수(受) · 상(想) · 행(行) · 식(識). 색은 신체를 포함하여 물질을 형성하는 요소. 명명은 마음의 작용, 즉 정신적 활동을 형성하는 네 가지 요소. 오온 중 색을 제외한 나머지 넷. 수는 느낌, 상은 말이나 개념으로 생각을 일으키는 것, 행은 의지, 식은 식별하는 것.
- 이욕(離欲) : 탐욕에서 벗어나는 것, 욕심에 얽매이지 않는 것.
- 이타행(利他行) : 나의 이익을 돌보지 않고 남을 이롭게 하는 선행(善行). 특히 자비를 실천하는 것.
- 자아(自我) : 일반적으로는 인간의 내적 본체이며, 보고 듣고 이해하고 아는 따위로 인식을 주관하는 내적인 마음.
- 자아 관념 : 자아를 순수하고 진실한 지성을 가진 불멸의 실체로 생각하는 고정관념.
- 평상심(平常心) : 집착과 차별이 없이 모든 것에 유연하게 대처하는 것.
- 하심(下心) : 나를 낮추는 것. 자기중심의 사고방식을 버리는 것.
- 오욕락(五欲樂) : 오욕은 눈 · 귀 · 코 · 혀 · 피부로 즐거움을 얻고자 하는 욕구. 오욕락은 눈으로 보고서 얻는 즐거움, 귀로 듣고서 얻는 즐거움, 코로 맡고서 얻는 즐거움, 혀로 맛보고서 얻는 즐거움, 피부로 접촉하여 얻는 즐거움.

1 행복과 불행

모든 것이 무상하다는 것은 부처님이 통찰했듯이 부정할 수 없는 사실입니다. 그렇다고 해서 이런 세상을 사는 모든 사람이 결코 고통에서 벗어나지 못하는 것은 아닙니다. 여기에는 돌파구가 있습니다. 부처님이 우리에게 행복하게 살 수 있는 방도로 제시한 것도 그 돌파구에 있습니다. 이 돌파구가 무엇이겠습니까? 바로 마음입니다.

당신의 행복지수는?

아무리 풍족하고 편리한 상태에 있을지라도 탐욕이 발동하는 한, 행복은 잠시뿐이고 그 행복은 이내 불만으로 바뀌기 마련입니다. 탐욕에 싸인 마음은 더 풍족하고 더 편리한 상태를 행복으로 추구하기 때문입니다. 만약 마음이 탐욕을 부리지 않는다면, 작은 소득으로도 만족하여 행복할 수 있을 것입니다.

풍족하고 편리해진 사회, 우리는 정말 과거보다 행복한 걸까?

우리는 참으로 풍족하고 편리한 세계에 살고 있습니다. 멀리 돌이켜 볼 것도 없습니다. 불과 10년 전과 비교해 보기만 해도 풍족함과 편리함을 충분히 실감할 수 있을 것입니다.

세계 도처에서 생산되는 먹거리와 상품이 주변의 백화점이나 대형 편의점에 널려 있습니다. '삐삐'로 불렸던 통신 수단은 이제 기억에서조차 사라져 버렸고, 드물게 남아 있는 공중전화가 유물처럼 보일 정도입니다. 어느 사이에 우리 모두의 필수품이 되어 버린 휴대폰만으로도 충분하다 싶었는데, 이젠 이것이 손 안의 컴퓨터와 같은 스마트폰으로 바뀌어 있습니다.

모든 것이 과거에 비하여 더욱 풍족하고 편리해진 만큼, 우리의 삶도 과거보다 행복해졌을까요? 어쩌면 그렇다고 대답할지 모르겠습니다. 흔해 빠진 바나나도 구경하기 어려웠고, 자가용 승용차는커녕 전화기도 없이 살았던 시대의 이야기를 들으면, 그때 사람들은 얼마나 불행했을까 싶겠지요.

　그렇다면 요즘 사람들은 자신의 삶에 만족하고 있을까요? 다시 말해서 여러분은 지금 자신의 생활이 행복하다고 생각하고 있습니까? 짐작컨대 이런 질문에는 다음과 같은 식으로 생각하거나 답변하는 사람이 압도적으로 많을 것입니다.

　"다른 사람들은 모르겠지만 나는 행복하다고 자신 있게 말할 수 없습니다."

　사실 행복하지 않다고 생각하기로는 다른 사람들도 마찬가지입니다. 물론 우리 주변에 스스로가 행복하다고 말할 수 있는 사람이 없지는 않습니다. 그러나 이 사람의 행복도 착각이거나 일시적인 기분에 그칠 가능성이 적지 않습니다. 혹시 잠시의 기쁨도 행복으로 여긴다면, 최신형 스마트폰을 구입하여 사용하는 얼마 동안은 행복할 수 있습니다. 하지만 통신료를 걱정하게 된 다음부터는 그 행복이 새로운 부담일 뿐이었다는 사실을 알게 됩니다. 게다가 더 좋은 스마트폰이 출시될 경우, 그 부담은 더욱 커질 것입니다.

행복은 어디에서 찾을 수 있을까?

지금 우리가 누리는 풍족함과 편리함은 모두 이와 같은 부담을 그 대가로 요구합니다. 부담을 덜기 위해 우리는 온갖 노력을 쏟아야 합니다. 바른 직업을 구하여 열심히 일하는 것이 올바른 방법이지만, 때로는 비정상적이거나 무리한 수단을 강구하기도 합니다. 이런 노력들은 몸과 마음의 고통을 수반하기 일쑤입니다. 이 같은 고통에서 벗어나지 못하는 것이 곧 불행입니다.

이처럼 물질적인 풍족과 편리가 반드시 행복을 보장해 주지는 않습니다. 그러므로 전화와 자동차도 없고 먹거리도 부족했던 과거의 사람들이 요즘 사람들보다 불행했다고 확신할 수는 없습니다. 같은 시대를 살고 있는 사람들의 경우도 마찬가지입니다. 우리는 국내의 외딴 섬이나 외진 산골에서 사는 사람들의 불편한 생활을 동정하고, 기아와 전쟁이 끊이지 않는 아프리카의 사람들을 동정하기도 합니다. 그러나 우리 자신이 그들보다 행복하게 살고 있다고 장담할 수는 없습니다. 이 같은 사실에 착안하여, 행복의 질을 가늠하기 위한 척도로 연구된 것이 행복지수입니다.

물론 행복지수가 행복의 질을 가늠하는 절대적인 척도일

수는 없습니다. 그래도 오랜 기간에 걸친 실험 연구 끝에 개발된 행복지수로 확실히 알 수 있는 사실이 있습니다. 물질적 풍족과 편리로 누리는 행복은 견실한 것이 아니라는 사실입니다. 물질문명이 발전한 국가 또는 부유한 국가들 중 대부분은 행복지수가 높지 않습니다. 반면에 최상위의 행복지수는 가난하거나 개발의 손길이 덜 미친 국가들이 차지하는 편입니다. 참고로 2011년에 행복지수 1위를 차지한 나라는 히말라야 산자락의 오지에 있는 작은 왕국인 부탄입니다. 더 거슬러 올라가면 2002년에는 가난한 나라의 대명사처럼 알려진 방글라데시가 행복지수 1위로 조사된 적도 있습니다.

행복지수의 통계는 흔히 말하는 행복의 허와 실을 잘 드러내고 있습니다. 행복의 허란 행복한 것처럼 보이지만 내실이 불량하여 행복의 실감은 박약하다는 것을 가리킵니다. 반면에 행복의 실이란 겉으로야 어떻게 보이든지 내실이 양호하여 행복의 실감이 충만하다는 것을 가리킵니다.

인류는 행복을 누리기 위해 경제적 번영과 과학적 발전을 추구해 왔다고 해도 과언이 아닙니다. 그러나 행복지수는 이렇게 얻은 행복의 내실이 무너지기 쉽다는 사실을 입증합니다. 어째서 풍족하고 편리한 삶이 행복의 질과는 반드시 비례하지 않는 것일까요? 그 원인은 어디에 있을까요? 우리는 이러한 의문의 답을 찾는 데서 인생의 진실에 다가설 수 있으며, 진정한 행복을 도모할 수 있습니다. 그리고 부처님의 깨달음과 가르침을 조금이나마 이해하는 데서 그 답을 찾을 수 있습니다.

행복을 결정하는 것은 마음이다.

이제부터 그 답을 부처님의 깨달음과 가르침에서 찾아 나서겠지만, 그 답은 우리의 상식에서 벗어나지 않는다는 사실을 먼저 알아 둘 필요가 있습니다. 그렇지 않으면 부처님의 깨달음과 가르침을 우리의 일상생활과는 무관한 것으로 오해하기 쉽기 때문입니다.

예를 들어, 우리는 마음이 행복의 허실을 결정한다고 상식적으로 생각할 수 있습니다. 사실이 그렇습니다. 마음이 탐욕을 부린다면 행복의 강도를 따지면서 항상 더 큰 행복을 바라게 될 것입니다. 그래서 지금 상태의 행복으로는 만족할 수 없습니다. 아무리 풍족하고 편리한 상태에 있을지라도 탐욕이 발동하는 한, 행복은 잠시뿐이고 그 행복은 이내 불만으로 바뀌기 마련입니다. 탐욕에 싸인 마음은 더 풍족하고 더 편리한 상태를 행복으로 착각하여 추구하기 때문입니다. 만약 마음이 탐욕을 부리지 않는다면, 작은 소득으로도 만족하여 행복할 수 있을 것입니다.

부처님은 일찍이 인간의 마음이 발휘하는 독소적 기능을 세 가지로 간파하였습니다. 이것을 삼독이라고 하는데, 그중 첫째가 바로 탐욕이고, 나머지 둘은 혐오와 무지입니다. 행복의 허실을 결정하는 일차적 요소가 탐욕이기는 하지만, 나머지 둘도 불가피하게 함께 관여합니다. 그래서 삼독의 강도와 행복의 질은 반비례하게 됩니다. 즉 삼독의 강도가 셀수록 행복의 질은 부실하게 되고, 그 강도가 약할수록 행복의 질은 견실하게 됩니다. 행복지수라는 것도 따지고 보면 이러한 삼독의 작용을 수치로 환산한 것이라고 이해할 수 있을 것입니다.

욕구 충족으로 이루어진
행복의 한계

우리는 무지 때문에 행복이 아닌 것을 행복으로 생각하여 그것을 얻고자 노력합니다. 행복이라고 생각했던 것을 성취하고 나면, 기대했던 행복이 아니었다는 것을 곧 알게 됩니다. 그래서 다시 행복을 추구하고 그 결과에는 실망하기를 되풀이합니다. 이는 애초 행복에 대해서, 그리고 자신의 탐욕에 대해서 무지한 탓이라고 말할 수밖에 없습니다.

언젠가는 끝나버릴 행복

우리가 온갖 노력으로 행복을 성취했을지라도, 탐욕 따위의 삼독이 발동한다면 그 행복을 계속 유지할 수는 없습니다. 행복했던 감정이 불만으로 바뀌어, 자신이 불행한 상태에 있다고 생각하게 됩니다.

그런데 부처님은 탐욕과 혐오와 무지라는 삼독을 생존의 본능처럼 발동하는 근본적인 번뇌로 통찰했습니다. 그렇다면 우리가 계속 행복한 상태로 살아간다는 것은 거의 불가능할 것입니다. 그리고 우리가 흔히 행복이라고 말하는 상태도 사실은 행복이 아닐 수 있습니다. 이 때문에 우리의 대부분은 자신이 불행하다고 생각하며 살고 있는 것이겠지요. 프랑스의 볼테르는 이 같은 생각을 《낙천주의자, 캉디드》라는 소설에서 다음과 같이 적나라하게 드러냈습니다.

> 자기 인생을 가끔 저주해 본 적이 없는 사람이 한 명이라도 있다면, 그리고 자신이 가장 불행한 사람이라고 생각해 본 적이 없는 사람이 단 한 명이라도 있다면, 그때는 나를 바다에 거꾸로 집어던져도 좋아!

철학자인 볼테르의 표현은 심리학자에 비하면 완곡한 편입니다. 현대 심리학의 개척자인 프로이트 박사는 "인간이 신과 흡사하게 되어도 인간은 결코 자신이 행복하다고 느끼지 않는다."라고 단언했습니다. 프로이트 박사는 행복할 수 없는 상태로 살아가는 존재가 바로 인간이라고 지적한 듯합니다. 이는 일찍이 부처님이 이 세상의 모든 것은 고통이라고 깨달았던 것을 심리학적으로 입증한 사례에 해당할 것입니다.

어째서 우리는 행복할 수 없을까?

인간이 행복할 수 없는 일차적인 이유는 만족할 줄 모르는 탐욕에 있습니다. 이것은 아무도 부정할 수 없는 엄연한 사실입니다. 그렇다면 행복할 수 있는 방법은 아주 간단합니다. 탐욕을 버리는 것으로 우리는 행복할 수 있을 것입니다. 하지만 탐욕을 버린다는 것이 그렇게 쉬운 일은 아닙니다. 왜냐하면 우리는 자신이 탐욕에 물들어 있다는 사실을 인정하지 않거나 아예 모른 채 살아가고 있기 때문입니다. 우리가 이런 상태로 살아가고 있는 것이 바로 무지입니다. 여기서 무지는 무명無明이라는 불교 용어를 일상어로 표현한 말입니다.

우리는 무지 때문에 행복이 아닌 것을 행복으로 착각하여 그것을 얻고자 노력합니다. 만약 그것이 진정한 행복이라면, 그것을 얻고 난 후에는 더 이상 바랄 것이 없어야 합니다. 하지만 그렇게 되는 경우는 거의 없습니다. 행복이라고 생각했던 것을 성취하고 나면, 기대했던 행복이 아니었다는 것을 곧 알게 됩니다. 그래서 다시 행복을 추구하고 그 결과에 실망하기를 되풀이합니다. 이는 애초에 행복에 대해서, 그리고 자신의 탐욕에 대해서 무지한 탓이라고 말할 수밖에 없습니다.

부처님의 가르침을 따르자면, 탐욕을 억제하지 않고서는 행복할 수 없습니다. 여기서 탐욕이라는 말이 아무래도 거슬린다면, 이 말을 욕심이라든가 욕망 또는 욕구로 바꾸어도 무방합니다. 탐욕을 억제한다는 것은 결국 욕심이나 욕구 따위를 절제하는 것으로부터 시작하기 때문입니다. 이제 탐욕을 경계한 부처님의 진의를 이해하기 위해서는 여기에 대한 원천적인 문제부터 다시 생각해 보아야 하겠습니다.

행복은 개인적 욕구 충족에 불과한 것인가?

무엇이 행복인가요?

막상 이렇게 묻는다면, 사람들은 저마다 자신이 바라는 상태를 답할 수밖에 없을 듯합니다. 많은 사람들이 자신의 욕구가 충족된 상태를 행복으로 여기기 때문입니다. 우리말 사전에서도 행복을 '욕구가 충족되어 충분한 만족과 기쁨을 느끼는 상태'라고 설명하고 있습니다. 가장 무난한 설명이지요. 욕구가 충족된 것이 만족이고, 만족할 때 느끼는 감정이 기쁨입니다. 그러므로 우리가 보통 생각하는 행복이란, 한마디로 욕구가 충족된 상태라고 정의할 수 있겠습니다.

그런데 욕구는 사람마다 다를 수 있으므로, 행복의 내용도 저마다 다를 수밖에 없습니다. 이렇게 따져 보면 행복이란 참으로 애매모호한 것입니다. 서로 정반대가 되는 극단적인 경우도 모두 행복일 수 있습니다. 다른 사람을 괴롭히는 것으로

만족해하는 사람이 있는가 하면, 다른 사람을 위해 자신을 희생하는 것으로 만족해하는 사람도 있습니다. 우리는 전자와 같은 사람을 악인으로 여겨 배척하고, 후자와 같은 사람을 성인으로 여겨 찬양합니다. 그럼에도 불구하고 주변을 둘러보면 성인으로 칭송할 만한 사람은 극히 드물고, 악인으로 혐오할 사람은 의외로 많습니다.

  현실이 왜 이러합니까? 행복 때문입니다. 더 정확하게 말하자면 저마다의 욕구 충족을 행복으로 생각하기 때문입니다. 이것이 정말 우리가 추구하는 진정한 행복이겠습니까? 물론 그럴 리가 없다고 생각은 할 것입니다. 하지만, 제각기 자기 인생을 스스로 꾸려 나가야 하는 우리는 저마다 욕구 충족으로 행복을 얻고자 애쓰고 있다는 사실을 부정할 수는 없습니다. 그러므로 우리가 보통 생각하는 행복이란 개인적 욕구 충족에 불과하다는 사실을 알 수 있습니다.

행복의 정체, 오욕락에 대한 의심

우리는 감각적 욕구의 충족을 행복으로 생각합니다. 이것이 오욕락입니다. 그리고 이로부터 우리 인생의 전반으로 눈을 돌려 재욕, 식욕, 음식욕, 명예욕, 수면욕이라는 오욕을 채우는 것으로 행복을 얻고자 합니다. 일상의 행복을 정의하는 욕구 충족이란 바로 이런 것입니다. 하지만 이런 행복이 과연 가능한지 의심하지 않을 수 없습니다.

감각 기관의 만족을 통한 즐거움, 오욕락

개인적 욕구 충족은 결코 진정한 행복일 수 없다는 것이 부처님의 깨달음이자 불교의 진리입니다. 불교에서는 행복을 낙樂이라는 말로 표현합니다. 낙이라는 말 자체의 의미는 즐거움 또는 기쁨입니다. 다만 불교에서 추구하는 행복의 취지를 살리자면, 즐겁고 기쁘고 평온한 상태를 의미합니다. 우리가 바라는 행복도 원래는 이러한 낙일 것입니다.

그러나 불교에서는 욕구 충족으로 얻는 낙을 행복으로 간주하지는 않습니다. 탐욕으로 얻는 낙과 탐욕을 버리는 데서 얻는 낙은 전혀 차원이 다른 행복입니다. 그래서 불전에서는 이 둘을 혼동하지 않도록 욕구 충족으로 얻는 낙을 욕락欲樂이라고 표현합니다. 이 욕락이야말로 우리가 흔히 말하는 행복에 해당합니다.

감각 기관으로 만족하는 것이 인간의 기본적인 욕락입니다. 우리에게는 눈·귀·코·혀·피부라는 다섯 가지의 감각 기관이 있습니다. 이것들은 우리의 욕구를 충족시키는 일차적인 통로입니다. 불전에서는 이것들로 얻는 즐거움을 오욕락이라고 합니다. 즉 눈으로 보고서 얻는 즐거움, 귀로 듣고서 얻는 즐거움, 코로 맡고서 얻는 즐거움, 혀로 맛보고서 얻는 즐거움, 피부로 접촉하여 얻는 즐거움이 오욕락입니다.

이러한 오욕락은 신체적 장애가 없는 한, 모든 사람이 충족할 수 있는 원초적 욕구를 명시한 것입니다. 그러므로 오욕락은 우리가 행복을 느끼는 가장 기본적인 단계입니다. 우리는 이 오욕락을 토대로 하여 다시 온갖 욕구를 발동하면서 살고 있습니다. 그리고 이런 욕구들이 충족되는 정도에 따라 행복의 차이를 느낍니다. 이처럼 행복감의 차이를 야기하는 욕구들을 크게 다섯 가지, 즉 오욕으로 분류할 수 있습니다.

오욕락과 아브라함 마슬로Abraham Maslow 박사의 5F 이론

불전에 해박한 중국의 옛 스님들 중에서 《화엄경》의 대가인 징관澄觀 스님은 오욕을 재욕, 색욕, 음식욕, 명욕名欲, 수면욕으로 추출했습니다. 이 오욕은 우리가 경험하고 있는 실상이므로 특별한 설명이 필요하지 않을 것입니다.

재욕은 재산을 얻고자 하는 욕구입니다. 색욕은 주로 연애의 욕구입니다. 음식욕은 말 그대로 음식에 대한 욕구입니다. 명욕은 명예를 얻고자 하는 욕구입니다. 수면욕은 잠뿐만 아니라 마음껏 놀면서 쉬고 싶어 하는 욕구입니다.

어떻습니까? 이 같은 오욕이 충족된다면 충분히 행복하다고 말할 수 있지 않겠습니까? 특히 요즘 같은 현대 사회에서 우리 모두가 추구하는 것이 바로 이 오욕에 고스란히 포함되어 있습니다. 그러므로 오욕을 인간의 보편적인 욕구로 간주할 수 있습니다. 더욱이 행복을 추구하는 인간의 욕구를 이해하는 데는 이 불교적 관점이 아브라함 마슬로Abraham Maslow 박사의 5F 이론보다도 더 공감을 불러일으킵니다.

미국의 아브라함 마슬로 박사가 1940년대에 주창한 5F 이론은 F로 시작하는 다섯 단어로 인간의 기본 욕구를 제시합니다. 즉 5F는 fucking성욕, feeding식욕, flocking집단의식 욕구,

fighting^공격·정복 욕구, fleeding^도피 욕구을 의미합니다.

이것들을 오욕과 비교해 보면 fucking은 색욕에 해당하고, feeding은 음식욕에 해당하며, fleeding은 수면욕에 포함시킬 수 있습니다. 다만 flocking과 fighting에 딱 들어맞는 것이 오욕에는 없습니다만, 이 둘이 추구하는 것도 재산이나 명예일 것으로 이해할 수는 있겠습니다. 따라서 우리가 얻고자 하는 행복의 실상을 이해하는 데는 오욕으로 충분합니다.

이제 우리는 흔히 말하는 행복의 정체를 알아차릴 수 있습니다. 우리는 저마다 기본적으로 감각적 욕구의 충족을 행복으로 생각합니다. 이것이 오욕락입니다. 그리고 이로부터 우리 인생의 전반에 눈을 돌려 재욕, 색욕, 음식욕, 명예욕, 수면욕이라는 오욕을 채우는 것으로 행복을 얻고자 합니다. 일상의 행복을 정의하는 욕구 충족이란 바로 이런 것입니다. 하지만 이런 행복이 과연 가능한지 의심하지 않을 수 없습니다.

거친 바다를 떠다니는
탐욕이라는 이름의 배

욕구 충족을 행복으로 여기는 것, 그래서 탐욕을 부리는 것은 바로 무지 때문입니다. 사실 우리의 인생을 지배하는 것은 무지입니다. 우리는 탐욕을 의지라거나 의욕이라는 좋은 말로 포장할 수는 있습니다. 그러나 그 바탕에 깔려 있는 것, 또는 그것을 일으키는 동력은 대체로 무지입니다.

욕구 충족의 행복은 착각이고 일시적 기분일 뿐…

우리가 욕구를 충족하는 것으로 행복할 수 있을지 의심하게 되는 이유는 다음과 같은 의문이 먼저 떠오르기 때문입니다.

욕구 충족의 끝은 어디일까요? 욕구가 얼마큼 충족되어야 그 이상의 만족을 바라지 않게 될까요?

우리는 모두 "욕심에는 끝이 없다."라는 말에 한결같이 동의할 것입니다. 그래서 자신이나 남의 욕심을 변명하거나 탓할 때면 으레 그런 말을 내뱉기 일쑤입니다. 부처님의 성도에 관한 이야기에서도 사람의 욕심에는 끝이 없다는 것을 비유로 묘사하고 있습니다. 부처님이 정각을 성취하기 직전에 마왕이 나타나 갖가지 유혹으로 부처님의 정각을 방해합니다.

마왕이 황금으로 부처님을 유혹하자 부처님은 다음과 같은 대답으로 그 유혹을 물리칩니다.

"히말라야 산을 황금으로 변화시키고, 게다가 그 황금을 두 배로 부풀려서 준다고 해도, 한 사람의 욕심을 채우지는 못하리라."

여기서 부처님은 아무리 많은 재물이 굴러 들어오더라도 이에 만족할 수 없는 것이 욕심이라고 답하고 있습니다. 다시 말하면 사람의 욕심에는 끝이 없다는 것이지요. 여기서 예로 든 것은 오욕 중 재욕에 해당합니다. 나머지 네 가지 욕구도 욕심인 한, 끝이 없기로는 재욕과 마찬가지입니다. 그러므로 욕구 충족으로 얻은 행복이란 착각이고 일시적인 기분일 뿐입니다.

욕심에 끝이 없는 이유는 욕심이 욕심을 낳기 일쑤이기 때문입니다. 이 같은 욕심의 본성을 함축한 말이 탐욕입니다. 욕구, 욕심, 욕망, 이런 것들은 모두 탐욕이라는 나무의 가지들일 뿐입니다. 이 탐욕이라는 나무의 뿌리는 깊고 튼튼하며 어디로든 퍼져 나갑니다. 이 뿌리에 붙일 이름이 무지입니다.

우리는 욕심에 끝이 없다는 사실을 스스로의 경험으로 잘 알고 있습니다. 그럼에도 역시 욕구를 충족하는 것으로 행복을 얻고자 애쓰고 있습니다. 이러한 부조리를 어떻게 설명할 수 있겠습니까? 나중에야 어찌 됐든 우선 즐기고 보자는 심리의 발동이라고 설명할 수밖에 없을 것입니다. 이 같은 심리의 발동은 불교에서 말하는 무지의 소산입니다.

욕락은 무지의 동반자

 욕구 충족을 행복으로 여기는 것, 그래서 탐욕을 부리는 것은 바로 무지 때문입니다. 사실 우리의 인생을 지배하는 것은 무지입니다. 우리는 탐욕을 의지라거나 의욕이라는 좋은 말로 포장할 수는 있습니다. 그러나 그 바탕에 깔려 있는 것, 또는 그것을 일으키는 동력은 대체로 무지입니다. 이것이 부처님의 깨달음입니다. 우리는 죽을 때까지 무지를 동반한 채 살아가고 있는 것입니다. 무지의 동반자들 중에서 특히 탐욕은 무지가 가장 선호하는 동반자입니다. 불전에는 이에 관한 유명한 비유가 있습니다.

 《불설비유경》에서 부처님은 설법을 듣고 있는 한 왕에게 다음과 같은 비유를 들어, 우환이 끊이질 않는 세상에 살면서도 욕락에 탐닉하기 쉬운 인생의 실상을 설명합니다.

어떤 사람이 **넓은 들판**에서 놀다가 사나운 **코끼리**에게 쫓기게 되었습니다. 피할 곳을 찾아 도망가던 그 사람은 **우물**을 발견했습니다. 그 우물 바로 옆에 있는 **나무뿌리**가 우물 속으로 뻗어 있었으므로, 그 사람은 그 뿌리를 붙든 채 우물 속으로 숨을 수 있었습니다. 이때 **검은 쥐**와 **흰 쥐**가 나타나 번갈아 가며 그 **뿌리를 갉아먹기** 시작했습니다. 더군다나 그 우물의 사방에서 **네 마리의 독사**가 그를 물려고 하였고, 우물 밑에는 **독룡**이 도사리고 있었습니다. 이런 위기 상황에서 그는 붙들고 있는 나무뿌리가 끊어질까 봐 걱정하고 있었습니다. 그런데 그 나무에는 **벌꿀**이 있었고, 그 벌꿀은 다섯 방울씩 그의 입으로 떨어졌습니다. 그가 벌꿀을 맛보느라 뿌리를 움직이자, 나무가 흔들리면서 벌들이 흩어져 내려와 그를 쏘아 댔습니다. 또한 우물 밖의 들에서는 **불**이 일어나 그 나무를 태우고 있었습니다.

우리는 이 이야기에서 핵심이 되는 대목을 단번에 지적할 수 있을 것입니다. 그래서 이 비유를 들은 왕도 "그 사람은 어떻게 한량없는 고통을 받으면서 그 보잘것없는 맛을 탐할 수 있습니까?"라고 부처님께 묻습니다. 이에 부처님은 비유에 나오는 모든 것들의 참뜻을 낱낱이 설명해 줍니다.

부처님의 설명에 의하면, 어떤 사람은 중생, 넓은 들판은 무지, 코끼리는 무상無常, 우물은 중생의 현실, 나무뿌리는 목숨, 검은 쥐와 흰 쥐는 밤과 낮, 쥐가 뿌리를 갉아먹는 것은 순간마다 목숨이 줄어드는 것, 네 마리의 독사는 물질세계의 네 요소인 지수화풍地水火風, 독룡은 죽음, 벌꿀은 오욕, 벌은 삿된 생각, 불은 병들고 늙는 것을 의미합니다.

참으로 인생의 실상을 절묘하게 압축한 훌륭한 비유입니다. 이 중에서 먼저 새겨들어야 할 것은 무지와 탐욕입니다. 즉 이야기의 발단으로, 어떤 사람이 놀고 있었던 넓은 들판은 무지를 가리킵니다. 그리고 이야기의 절정으로, 위기 상황에서도 그 사람이 탐닉했던 다섯 방울의 꿀은 오욕락을 가리킵니다.

이 비유에 등장한 사람은 무지에 노닐면서 온갖 우환에 빠진 채로 눈앞의 즐거움에 탐닉하고 있는 중생, 즉 우리 자신입니다. 부처님은 이 비유의 결론으로 오욕에 사로잡히지 말라고 당부합니다. 눈앞의 즐거움, 즉 욕구 충족이 행복이라면 부처님이 이렇게 당부할 리가 없습니다. 부처님의 눈으로 볼 때, 이 세상은 수시로 폭풍이 일어나는 무지의 바다와 같고, 오욕 따위의 욕구 충족은 이 거친 바다를 떠다니는 배에 의지하는 것과 같습니다. 우리는 이 배로 안전하게 바다를 건널 수 있을 것으로 여기지만, 이 배는 언제 닥칠지 모르는 죽음의 왕에게 쫓기고 있을 뿐입니다.

불만족에서 오는 고통,
불행의 알맹이

고통은 어떤 경우에 발생하는 것일까요? 이 물음 역시 간단하게 답변할 수 있습니다. 불행의 반대는 행복이고, 행복은 욕구가 충족된 상태, 다시 말하면 만족을 느끼는 상태입니다. 그러므로 만족을 느끼지 못하는 불만족의 상태가 불행이고, 만족을 느끼지 못하는 데서 발생하는 감정이 고통입니다.

무지하기 때문에 불행하다

무지의 바다에 떠 있는 것 자체가 우리에게는 불행입니다. 단지 욕구를 충족하는 것으로는 결코 이 무지의 상태에서, 즉 불행에서 벗어날 수 없습니다. 《불설비유경》에서 부처님은 바로 이러한 사실을 관찰하여 알아차리라고 재차 당부합니다. 이렇게 알아차리는 것은 무지의 반대인 지혜가 됩니다.

욕구 충족을 행복이라고 생각하는 것은 무지인 반면, 욕구 충족으로 얻는 잠시의 행복도 여전히 불행일 뿐이라고 아는 것은 지혜입니다. 그렇다면 이 세상은 온통 불행으로 차 있고, 우리는 그런 불행에 갇힌 채 살고 있다는 것일까요? 그렇습니다. 부처님은 그렇다고 통찰했습니다. 우리로서는 선뜻 동조하고 싶진 않지만, 부처님이 그렇게 통찰한 이유를 살펴보면 우리도 동조하지 않을 수 없을 것입니다.

불교 용어로 낙은 고苦의 반대입니다. 불교에서는 낙이 행복을 대신할 수 있는 말이듯이, 고는 불행을 대신할 수 있는 말입니다. 그리고 고는 우리가 일상생활에서 경험하는 정신적이거나 육체적인 모든 고통을 의미합니다. 순 우리말로는 괴로움이 고통입니다. 그러므로 이 책에서 말하는 고통은 모두 이 고에 해당한다고 이해해도 좋습니다.

우리 삶은 고통의 연속이다

우리는 어떤 식으로든지 고통스럽다고 느낄 때 자신이 불행한 상태에 있다고 생각합니다. 그러므로 불행이란 고통이 내재된 상태입니다. 달리 말하자면 고통은 불행의 알맹이, 즉 실체입니다. 우리가 불행에 갇힌 채 살고 있다는 것은 우리가 고통거리로 둘러싸여 살아가고 있다는 뜻이기도 합니다. 그렇다면 우리의 삶은 고통의 연속이라고 말할 수 있습니다. 이것이 너무 지나치고 과장된 말로 들릴지 모르겠습니다. 하지만 지금 당장은 행복하다고 느끼고 있을지라도 이 행복이 불완전하다는 사실을 인정한다면, 그 말도 사실이라고 인정할 수밖에 없습니다.

무엇이 고통인가 하는 물음에는 쉽게 대답할 수 있습니다. 우리말 사전의 설명처럼 "몸이나 마음의 괴로움과 아픔"이 고통입니다. 그렇다면 이런 고통은 어떤 경우에 발생하는 것일까요? 이 물음 역시 간단하게 답변할 수 있습니다. 불행의 반대는 행복이고, 행복은 욕구가 충족된 상태, 다시 말하면 만족을 느끼는 상태입니다. 그러므로 만족을 느끼지 못하는 불만족의 상태가 불행이고, 만족을 느끼지 못하는 데서 발생하는 감정이 고통입니다.

이미 앞에서 충분히 생각해 보았듯이, 욕심에는 끝이 없다는 사실을 인정한다면 우리는 만족할 줄 모르는 채 살고 있다는 사실도 인정해야 합니다. 이렇게 인정하는 것은 우리의 삶이 고통의 연속이라고 인정하는 것과 같습니다.

고통에서 벗어날 수 있는 가르침

우리는 인간으로 태어난 것을 큰 행운으로 여기면서 행복을 꿈꾸며 살아갑니다. 그러나 꿈을 실현하기 위해 우리가 살아가는 과정은 고통의 연속입니다. 그 과정에서 개인에 따라 겪게 되는 고통은 저마다 다를 것이므로 그것을 모두 열거할 수는 없습니다. 다만 우리가 태어나서 모두 한결같이 겪게 될 뻔한 고통은 쉽게 간추려 낼 수 있습니다. 즉 좋은 직장을 얻고자 공부해야 하는 고통, 건강으로 행복을 얻고자 애쓰지만 수시로 크고 작은 병에 시달리는 고통, 항상 젊게 살 수 있을 것으로 기대하지만 어쩔 수 없이 늙어 가고 있음을 느끼는 고통, 결국에는 닥치게 될 죽음에 대한 고통이 그것입니다. 이런 사실을 인정하면, 심지어 태어났다는 자체가 고통의 시발이라는 것도 인정하지 않을 수 없습니다. 그래서 우리는 자신의 삶이 불만스러울 때마다, 나는 왜 이렇게 태어났을까 하고 불평하게 되는 것이지요.

부처님은 인생의 실상을 고통의 연속으로 통찰하여 이로부터 벗어날 수 있는 길을 제시했습니다. 이 가르침은 네 가지의 성스런 진리, 즉 사성제로 불립니다. 네 가지는 고통의 실상, 고통의 원인, 고통이 없는 해탈, 해탈에 이르는 길입니다. 이 중에서 부처님이 고통의 실상으로 열거한 것은 다음과 같은 것들입니다.

태어남, 늙음, 병듦, 죽음, 근심과 슬픔과 불쾌함과 낙담과 번민, 증오하는 사람과 만나는 것, 사랑하는 사람과 헤어지는 것, 추구하지만 얻지 못하는 것.

부처님은 이것들을 통틀어 몸과 마음과 물질적 환경이 모두 고통이라고 말합니다. 불교 용어로는 이 고통을 오취온고五取蘊苦라고 합니다. 이것을 오성음고五盛陰苦 또는 오음성고五陰盛苦라고도 합니다. 오취온, 오온, 오음은 모두 같은 말이고, 우리의 몸과 마음과 물질적 환경을 모두 포함하여 일컫는 용어입니다. 그러므로 안팎으로 고통에 싸인 채 살아가고 있는 우리의 현실을 지적한 것이 곧 오취온고라고 이해할 수 있습니다. 현실이 이러하다면, 우리 자신은 물론이고 주변의 모든 것까지도 몽땅 고통으로 여겨야 할 것 같습니다. 그래서 부처님은 아예 "모든 것은 고통이다."라고 통찰했습니다.

영원하지 않은 것에 대한 집착이 고통을 일으킨다

고통은 확고부동하지 않는 것, 즉 무상한 것을 '나의 것'으로 믿고 있다가, 이 믿음이 흔들리거나 깨질 때 발생하는 감정입니다.
사람들은 '나의 것'이라고 집착하기 때문에 근심합니다. 내가 소유한 것은 영원하지 않기 때문에 근심하는 것입니다. 이 세상에 있는 것들은 오직 변하여 소멸해 가고 있을 뿐입니다.

욕구가 강렬하면 고통도 심하다

부처님이 깨달은 세상의 이치들 중 가장 기본적인 세 가지를 일컬어 삼법인이라고 합니다. 삼법인은 이 책에서 취급하는 주제이기도 합니다. 무상과 고통과 무아가 삼법인의 요체이지만, 모든 것이 무상하고 고통이라는 사실을 수긍하면 무아의 취지도 이해할 수 있기 때문입니다. 이에 앞서, 부처님이 모든 것은 고통이라고 통찰한 이유를 삼법인으로 이해할 수 있고, 더 나아가 고통의 정체도 알 수 있습니다.

모든 것은 고통이라고 깨달은 것은 삼법인의 둘째이고, 모든 것은 무상하다고 깨달은 것은 삼법인의 첫째입니다. 이치에 맞는 깨달음이라면 원인과 결과의 관계가 합당해야 할 것입니다. 부처님은 이 관계에 따라, 모든 것은 무상하기 때문에 고통일 수밖에 없다고 깨달았습니다. 매우 단순한 논리인 듯하지만, 우리가 고통을 느끼는 원인을 따져 보면 이 논리에서 벗어난 것을 찾을 수 없습니다.

물론 모든 것이 무상하다고 해서 항상 고통을 느끼는 것은 아닙니다. 내가 좋아하는 것, 내가 애써 얻었거나 얻고자 하는 것, 이런 것들이 무상하다는 사실을 경험할 때마다 우리는 고통을 느끼는 것입니다. 이처럼 무상과 고통은 내 자신, 그리고 욕구와는 서로 뗄 수 없는 관계에 있습니다. 그러므로 바라는 것이 많으면 그만큼 고통도 자주 겪을 수밖에 없습니다. 욕구가 강렬하면 그만큼 고통도 심할 수밖에 없습니다.

모든 것은 영원하지 않다

무상無常이 뭡니까?

"덧없음이 무상이지요."

이런 대답으로 그친다면, 부처님이 그토록 중요한 진실로 깨달았다는 무상의 심오한 뜻을 공감하기는 어려울 듯합니다. 덧없음은 세월의 무상함만 떠올리기 쉽기 때문입니다. "영원하지 않음이 무상입니다." 이렇게 대답한다면 무상의 의미를 더 진지하게 생각해 볼 수 있겠습니다.

영원하지 않다는 것은 언젠가는 사라지고야 만다는 뜻입니다. 불시의 사고로 갑자기 사라질 수도 있고, 점차 낡거나 닳아서 사라질 수도 있습니다. 또한 낡거나 닳는다는 것은 끊임없이 변하고 있다는 것이기도 합니다. 이 같은 사실을 일컬어 무상이라고 합니다. 변하여 소멸하지 않는 것은 없다는 사실을 일컫는 말이 무상입니다. 이 사실은 이 세상에 있는 모든 것에 똑같이 적용됩니다. 이는 물론 물리 법칙 또는 자연 법칙이기도 하지요. 불시에 사라진다는 것도 변화요 무상이기는 마찬가지입니다. 있었던 것이 없는 것으로 변한 것이니까요.

예나 지금이나 모든 것이 무상하다는 사실을 부정할 사람은 아무도 없습니다. 페르시아의 고전 문학을 대표하는 작품 중에는 《루바이야트》라는 옛 시집이 있습니다. 이 시집은 영어로 번역되어 전 세계에 널리 알려지게 되었습니다. 이 시집에서는 무상을 다음과 같이 노래합니다.

오, 지옥의 위협이여, 천국의 기약이여!

> 한 가지는 확실하오. 인생은 덧없는 것
> 이 한 가지 분명하고, 나머지는 거짓일세.
> 제 아무리 고운 꽃도 지고 나면 그만이니.

여기서 시인은 '인생은 덧없는 것', 즉 인생은 무상하다고 읊으면서 무상하다는 이 사실만이 진실이라고 단언합니다. 과학자라면 무상을 어떻게 표현했을까요? 아인슈타인과 더불어 20세기 최고의 물리학자로 꼽히는 리처드 파인만은 강연에서, "확고부동한 것은 없다는 사실이야말로 유일하게 확고부동한 것이라는 점을 명심하라."라고 당부했답니다. '확고부동한 것은 없다'는 것이 무상의 의미입니다. 그는 무상이야말로 확고부동한 사실이라고 말한 것입니다.

고통은 확고부동하지 않은 것, 즉 무상한 것을 '나의 것'으로 믿고 있다가, 이 믿음이 흔들리거나 깨질 때 발생하는 감정입니다. 결국 고통은 무상한 것을 '나'와 결부시켜 집착하는 데서 발생하는 것입니다. 부처님은 《숫타니파타》라는 경전에서 이 사실을 다음과 같이 간결하게 지적했습니다.

> 사람들은 '나의 것'이라고 집착하기 때문에 근심합니다.
> 내가 소유한 것은 영원하지 않기 때문에 근심하는 것입니다. 이 세상에 있는 것들은 오직 변하여 소멸해 가고 있을 뿐입니다.

욕망의 추구는 곧 고통의 추구

욕망도 집착입니다. 그래서 부처님의 가르침을 직접 들었던 제자들은 "욕망을 추구하는 것은 고통을 추구하는 것입니다."라고 토로했습니다. 모든 것은 무상하므로 고통이고, 따라서 우리가 흔히 생각하는 자아도 무상한 것일 뿐이라고 깨달은 것이 삼법인입니다. 부처님은 다음과 같은 문답 형식의 설법으로 삼법인을 가르쳤습니다.

> "비구들이여! 그대들은 어떻게 생각합니까? 색色은 영원합니까, 혹은 무상합니까?"
> "존자여, 무상합니다."
> "그렇다면 무상한 것은 고통이 됩니까, 혹은 즐거움이 됩니까?"
> "존자여, 고통이 됩니다."
> "그렇다면 무상하므로 고통이 되고 소멸할 수밖에 없는 성질을 갖는 그런 것을 두고 '이것은 나의 것이다', '이것이 곧 나다', '이것은 나의 자아이다'라고 생각하는 것이 옳겠습니까?"
> "존자여, 옳지 않습니다."

이 대화의 첫 대목에 나오는 색은 오온의 하나입니다. 오온에 대해서는 나중에 간단히 설명하겠지만, 여기서 색은 우리의 육체를 가리킵니다. 오온 중 마음에 속하는 나머지 넷에 대해서도 차례로 이와 같은 설법이 반복됩니다. 불교에서 말하는 무아설은 이와 같은 설법에서 유래합니다.

고통의 주체는 욕구를 가진 마음

고통은 욕구를 가진 마음에서 발생합니다. 바라는 것이 전혀 없는 마음은 무상을 고통으로 느끼지 않습니다. 무상은 그저 무상일 따름입니다. 무상을 고통으로 느끼는 주체는 욕구를 가진 마음입니다.

무상이 고통을 초래한다

모든 것이 무상하다는 것은 아무도 부정할 수 없는 진실입니다. 그런데도 우리의 일상생활에서는 왜 무상이 그다지 대단한 진실로 와 닿지 않는 걸까요? 우리가 무상에 너무 익숙해져 있기 때문은 아닐까요? 그래서 무상이 우리의 마음을 뒤덮고 있는 탓으로 평소에는 그 무상마저 실감하지 못한 채 살아가는 것은 아닐까요. 우리가 주변의 소란에서 물러나 자신의 삶을 직시해 본다면 무상을 다시 실감할 수 있을 것입니다. 예를 들면 김초혜 시인이 '가을의 시'에서 다음과 같이 읊듯이 말입니다.

> 적막에 길들이니
> 안 보이던 내가 보이고
> 마음까지도 가릴 수 있는
> 무상이 나부낀다.

그런데 무상이 정말로 고통을 초래할까요? 자신의 마음이 굳세고 그래서 감정에도 쉽게 흔들리지 않는다고 믿는다면야 그렇게 의심할 만합니다. 하지만 세상의 모든 것들 중에서 가장 변하기 쉬운 것이 인간의 마음이고 감정입니다. 프랑스의 작가인 기욤 뮈소가 《종이 여자》에서 다음과 같이 묘사하고 있는 사실을 부인할 사람은 별로 없을 것입니다.

> 나는 변화무쌍한 감정들을 믿고 내 인생을 설계하고 싶지 않아. 감정은 바람 앞에 촛불처럼 불확실한 것이니까. 당신은 감정이란 믿을 만하다고 생각하지? 하지만 방금 옆을 지나치는 여자의 치맛자락에, 그녀의 매혹적인 미소 한번에 당장 흔들릴 수 있는 게 바로 인간의 감정이야.

우리의 마음이나 감정이 이렇게 수시로 변하는 데서 고통도 뒤따르게 마련입니다. 좋아하는 꽃이 시들어 떨어지는 것을 보고서도 애달파 할 수 있는 것이 우리의 감정입니다. 그러니 친밀한 사람이 아프거나 죽는 것은 물론이고, 애착하는 물건이 고장이 나거나 망가지는 것을 보게 되면 오죽하겠습니까. 이런 경우에 우리가 느끼게 되는 것이 고통입니다. 아프거나 죽는 것, 고장이 나거나 망가지는 것, 이런 것들은 모두 변화의 양상입니다. 우리가 고통을 느낀다는 것도 변화의 양상입니다. 이 경우에는 편했던 마음이 불편한 마음으로 변한 것이지요. 그렇다면 아예 무상이 곧 고통이라고 이해해도 무방할 것입니다.

왜 불편하고 불쾌한가?

불교에서 말하는 고통의 본래 의미는 불편하거나 불쾌한 상태에 있는 것입니다. 우리는 그동안 항상 같은 상태로 접촉하거나 마주보고 있던 것들이 달라졌다고 느낄 때 불편하거나 불쾌하게 됩니다. 항상 편하게 사용했던 의자가 어느 날 불편하게 되었다면, 그 이유는 둘 중의 하나일 것입니다. 즉 의자에 고장이 났던가 아니면 나의 심신에 병이 생겼기 때문일 것입니다.

사람들 사이에서 발생하는 고통도 이와 마찬가지입니다.

좋아하는 사람의 태도가 달라졌음을 느낄 때는 마음이 불안하여 불편하게 됩니다. 그 사람을 만나는 것이 불쾌하다면, 이번에는 내 마음이 변했기 때문입니다. 결국 불편함과 불쾌함도 변화 때문에 발생하는 감정입니다. 이 감정이 곧 고통이고, 그 변화가 곧 무상입니다.

이제 고통을 유발하는 요인이 무상이라는 사실을 수긍할 수 있을 것입니다. 여기서 우리는 부처님의 통찰에 따라, 고통이란 일단 무상을 실감하는 것이라고 정의할 수 있습니다. 고통은 반드시 무상을 실감하는 데서 발생하기 때문입니다. 우리가 고통을 느낀다면 거기에는 반드시 무상한 현실이 있습니다.

욕구를 가진 마음이 없으면 고통도 없다

앞서 말한 고통의 정의에는 보충해야 할 것이 있습니다. 고통을 느끼는 주체가 아직 명시되지 않았습니다. 아마 모두들 그 주체를 단번에 지목할 수 있을 것입니다. 마음이겠지요. 무상은 고통을 유발한 요인이므로 고통이 일차적으로 발생하는 곳입니다. 하지만 실제 고통이 일어나는 진원지는 마음입니다. 고통은 감정이고, 이 감정을 고통으로 인식하는 것은 마음이기 때문입니다. 고통은 마음이 느끼는 감정입니다. 마음이 없다면 고통도 있을 수 없습니다.

이제 고통을 더 온전하게 정의할 수 있습니다. 고통이란 마음이 무상을 인식할 때 발생하는 감정입니다. 그리고 이것이 바로 고통의 정체입니다. 다만 이 같은 고통의 정의에는 하나의 조건이 있습니다. '욕구를 가진 마음'이라는 조건입니다. 고통은 욕구를 가진 마음에서 발생합니다. 바라는 것이 전혀 없는 마음은 무상을 고통으로 느끼지 않습니다. 무상은 그저 무상일 따름입니다. 무상을 고통으로 느끼는 주체는 욕구를 가진 마음입니다.

2 자아와 무아

부처님의 가르침에서 가장 납득하기 어려운 것이 무엇이냐고 묻는다면, 많은 사람들이 단연 무아를 먼저 지목할 것입니다. 이는 무아라는 말을 액면 그대로, 자아가 없다는 뜻으로만 이해하기 때문입니다. 부처님의 가르침은 우리의 상식에서 크게 벗어나지 않습니다. 무아 역시 그러합니다. 무아라는 말이 자아를 부정하는 뜻을 담고 있는 것은 사실입니다. 그러나 무아는 자아를 무조건 부정하는 것이 아닙니다. 부처님은 기존의 고정관념 탓으로 우리가 잘못 알고 있는 자아를 부정했던 것입니다.

무상을 뛰어넘어 행복으로

무상이라는 현실은 동일하지만 이에 대처하는 방식은 정반대일 수 있습니다. 즉 욕심을 부리는 방식과 욕심을 버리는 방식입니다. 이는 무상에 대한 마음가짐의 차이입니다. 대부분의 사람들은 전자를 채택하고, 후자를 채택하는 사람들은 극소수입니다.

마음, 행복의 돌파구

우리가 일상에서 추구하는 행복은 욕구를 채우는 데서 얻는 만족에 다름 아닙니다. 그렇다면 행복의 반대인 불행은 불만족일 것입니다. 우리는 불만족에서 고통을 느낍니다. 그런데 사람의 욕구에는 끝이 없기 때문에 우리는 항상 불만족의 상태로 살아가고 있습니다. 행복과 불행을 이와 같이 상식적으로 이해하는 것만으로도, 우리는 고통과 더불어 살아가고 있다고 말할 수 있을 것입니다.

만족의 상태가 변함없이 유지된다면 물론 고통을 느끼지 않을 것입니다. 그러나 이 세상에서 변함없이 유지되는 것은 아무것도 없습니다. 이러한 세상의 현실이 무상입니다. 고통은 이 무상을 실감하는 데서 발생합니다. 그리고 고통을 실감하는 것은 우리의 마음입니다. 행복과 불행의 문제가 결국에는 마음의 문제로 귀착되는 셈입니다.

이제 이 문제로부터 출발하여 자아와 무아가 무엇인지 곰곰이 생각해 볼 참입니다. 먼저 참과 거짓으로 간단하게 답할 수 있는 문제를 한번 생각해 보기 바랍니다. 앞에서 이미 설명한 내용의 요점을 되새기는 데도 도움이 될 것입니다.

아래의 서술이 참이면 ○, 거짓이면 ×로 표시하시오.
① 고통이 있다면 모든 것은 무상하다. ☐
② 고통이 없다면 모든 것도 무상하지 않다. ☐
③ 모든 것이 무상하면 반드시 고통이 있다. ☐

어떻게 답했습니까? 문제의 답을 모두 맞추었다면 여기서 취급할 주제를 이해하는 것도 한결 수월할 것입니다. 언뜻 보면 모두가 참일 것으로 생각하기 쉽습니다. 그러나 모두가 참인 것을 문제로 내놓지는 않았을 것으로 짐작하여, 이 중에 하나쯤은 거짓일 것이라는 생각이 들겠지요. 짐작컨대 특히 서술 ③에 대해서는 거의 모두가 주저 없이 참이라고 답했을 듯합니다.

문제가 의도한 정답을 밝히자면 ①은 참, ②와 ③은 거짓입니다. 서술 ③이 거짓인 이유는 여기에 함정이 있기 때문입니다. '반드시'라는 말 때문에 이 서술은 참이 아닙니다. 만약 서술 ③이 참이라면, 우리가 행복해질 수 있는 가능성이 전혀 없게 됩니다.

모든 것이 무상하다는 것은 부처님이 통찰했듯이 부정할 수 없는 사실입니다. 그렇다고 해서 세상의 모든 사람이 결코 고통에서 벗어나지 못하는 것은 아닙니다. 여기에는 돌파구가 있습니다. 부처님이 우리에게 행복하게 살 수 있는 방도로 제시한 것도 그 돌파구에 있습니다. 이 돌파구가 무엇이겠습니까? 바로 마음입니다.

앞에 제시한 문제 중 서술 ①과 ②는 동일한 사실을 뒤바꿔 말한 것입니다. 그러므로 논리적으로는 서술 ②가 거짓이라면 서술 ①도 거짓이어야 합니다. 그런데도 왜 ①은 참이고 ②는 거짓일까요? 그 이유는 고통이 있든 없든 모든 것은 무상하기 때문입니다.

무상은 자연의 이치이므로, 인간의 마음과는 무관하게 변하고 있는 세계의 실상이 무상입니다. 이에 대해 고통은 우리의 마음에서 일어나는 감정입니다. 고통이 있든 없든 모든 것이 무상하다는 사실에는 변함이 없습니다. 그러나 무상한 세계에 고통이 있느냐 없느냐 하는 문제는 우리의 마음에 달려 있습니다. 우리가 무상을 체험하면서 살고 있더라도, 이에 대처하는 마음의 자세에 따라서는 무상을 고통으로 여기지 않을 수도 있습니다.

무상에 대처하는 현명한 방법

일반적으로 사람들이 무상에 대처하여 살아가는 방식은 두 가지입니다. 하나는 탐욕으로 무상을 극복하려 애쓰는 것입니다. 쉽게 말하면 덧없는 인생이니 살아 있는 동안에 즐기고 보자는 식이지요. 이미 충분히 설명했듯이 이 방식은 탐욕의 재생산을 초래하고 그만큼 고통도 끊이질 않게 됩니다. 다른 하나는 욕심을 최소화하거나 버리는 것입니다. 단적으로 말하면 어차피 모두 사라지고 말 것인데 더 욕심을 부릴 필요가 뭐 있겠느냐는 식이지요. 이 방식을 계속 고수한다면 그만큼 고통도 덜하거나 없게 될 것입니다.

이처럼 무상이라는 현실은 동일하지만 이에 대처하는 방식은 정반대일 수 있습니다. 즉 욕심을 부리는 방식과 욕심을 버리는 방식입니다. 이는 무상에 대한 마음가짐의 차이입니다. 대부분의 사람들은 전자를 채택하고, 후자를 채택하는 사람들은 극소수입니다. 그러나 사실은 거의 모든 사람들이 후자를 선택하기는 합니다. 평소에는 전자의 방식으로 살지만, 고통이 심하다 싶으면 후자의 방식으로 돌아서게 됩니다. 후자의 가치를 알고는 있는 것이지요. 하지만 이는 잠시뿐입니다. 이내 다시 전자로 돌아가기 일쑤입니다. 후자를 택하는 것은 일시적인 후퇴에 불과합니다. 우리의 마음이 탐욕에 지나치게 물들어 있기 때문입니다.

이제 고통의 주체는 '탐욕에 물든 마음'이라고 꼬집어 말할 수 있습니다. 이에 따라 행복의 주체는 당연히 '탐욕에서 벗어난 마음'입니다. 부처님이 우리에게 제시한 행복의 길도 탐욕을 버리는 데 있습니다. 행복하게 살 수 있는 비결은 이렇게 간단하지만, 우리는 그 비결을 아예 무시하거나 선택하길 주저합니다. 우리에게는 뿌리 깊은 고질적인 병폐가 있기 때문입니다. 이 병폐의 근원은 자아입니다.

마음의 주체는 자아인가?

부처님의 통찰에 의하면, 다른 사람들이 믿고 있는 '마음의 주인'은 실제 주인이 아니라 주인 역할을 하는 것일 뿐입니다. 흔히 말하는 자아가 바로 그것입니다.

마음에 대해 다시 생각해 보기

우리는 자신의 마음으로 즐거움과 고통을 알아차립니다. 그래서 우리가 기쁘거나 괴로울 때면 으레 마음이 기쁘다거나 마음이 괴롭다고 말합니다. 몸에 상처가 나서 아픈 것도 마음이 그 아픔을 감지하기 때문입니다. 우리는 이처럼 마음이 즐거움과 고통 또는 행복과 불행의 주체라는 것을 의심의 여지없이 사실로 믿고 있습니다. 그런데 다음과 같은 대화를 보면 어떨까요? 마음이라는 것을 다시 생각해 보게 됩니다.

"무엇을 알고자 하느냐?"

"제 마음이 몹시 편치 않습니다."
"편치 않다는 그 마음을 어디 가져와 봐라."
"찾아보면 없습니다."
"됐다. 너의 마음은 편안해졌다."

스승과 제자 사이에 오간 유명한 대화입니다. 스승은 인도 출신의 스님으로, 중국의 소림사에서 선종을 개창한 달마 대사입니다. 제자는 중국 선종의 제2대 조사가 된 혜가慧可 스님입니다. 위의 대화에서 혜가 스님은 마음이 불편하다고 말하고 있지만, 사실은 엄청난 고통에 시달려야 했을 것입니다. 왜냐하면 혜가 스님은 달마 대사의 가르침을 얻고자 자신의 한쪽 팔을 자르고 나서야 대사와 마주보며 대화할 수 있었기 때문입니다.

달마 대사의 질문에 혜가 스님이 마음이 몹시 편치 않다고 말한 것은 팔이 잘렸기 때문이 아닙니다. 혜가 스님은 애초 불편한 마음을 어떻게 해소해야 할지 고민하고 있었고, 이 문제를 해결할 수 있는 가르침을 얻고자 달마 대사를 찾았던 것입니다. 그러나 달마 대사는 이런 혜가 스님을 거들떠보지도 않고 벽을 마주한 채 수행에 전념하고 있었습니다. 급기야 혜가 스님은 자신의 팔을 자르는 것으로 결연한 의지를 보였다고 합니다.

우리는 이 유명한 일화에서 최소한 두 가지 사실을 알 수 있습니다. 그 하나는 팔이 잘린 고통도 얼마든지 감내할 수 있는 것이 마음이라는 사실입니다. 이 점에서 마음이란 정말 대단한 능력을 지닌 것으로 생각됩니다. 그리고 다른 하나는 이렇게 강력한 마음도 따지고 보면 실체가 없는 것이라는 사실입니다. 이 둘 중에서 첫째 것은 누구나 경험하는 사실입니다. 둘째 것은 인정할 수밖에 없는 사실이기는 하되, 평소에는 그다지 떠올려 본 적이 없는 사실입니다.

혜가 스님은 육체적 고통보다 더 심각한 정신적 고통이 마음에 배어 있다고 생각하여, 그 고통을 제거하는 데만 애쓰고 있었을 것입니다. 그래도 여전히 마음의 고통은 제거되지 않으므로 마음이 불편했던 것입니다. 그가 달마 대사를 찾아간 것도 이 때문입니다. 문제의 소지를 한눈에 알아챈 달마 대사가 그 마음을 찾아보라고 주문하고 나서야 혜가 스님은 마음의 실체가 없다는 사실을 깨달았습니다.

혜가 스님은 마음의 실체가 없다는 사실을 깨닫는 것으로 마음의 정체를 알게 되었습니다. 마음의 정체를 알고 나니 마음이 불편하다는 생각도 사라졌습니다. 이것을 견성見性이라고 합니다. 견성이란 간단히 말하면 마음의 정체를 깨우쳤다는 뜻입니다.

그렇다면 무엇이 마음의 정체인가 하는 의문이 뒤따를 것입니다. 당연한 의문이기는 합니다만, 간단하고 쉬운 해답을 기대하기는 어려운 의문입니다. 나름대로 열심히 수행하다가 팔까지 자른 끝에 깨우친 것이 마음의 정체이니까요. 혜가 스님과 같은 각고의 수행으로 문제를 해결하고자 작정하지 않는 한, 마음과 관련된 문제를 하나씩 짚어 나가는 것으로 그 의문을 풀 수밖에 없습니다.

마음의 주인은 누구일까?

마음이 실체가 없는 것이라면 마음의 주인은 아예 없는 것일까요? 그래서 나의 마음과 너의 마음이라는 구분조차 없는 것일까요? 우리들 중 이 같은 의문에 '그렇다'라고 대답할 사람은 아무도 없을 것입니다. 부처님을 제외하고는 인도의 옛 철학자들도 한결같이 마음의 주인은 따로 있다고 믿었습니다. 그렇다면 부처님은 마음의 주인이 따로 있다고 생각하지 않았던 것일까요? 그렇습니다. 부처님의 통찰에 의하면, 다른 사람들이 믿고 있는 '마음의 주인'은 실제 주인이 아니라 주인 역할을 하는 것일 뿐입니다. 흔히 말하는 자아가 바로 그것입니다.

우리가 그렇듯이 인도의 철학자들은 마음의 주인은 자아라고 확신했습니다. 사실은 그 철학자들도 마음의 주인을 찾고자 무던히 애쓴 끝에 도달한 결론이 자아입니다. 이 결론에 도달한 논리는 다음과 같이 간단합니다.

마음이 작용하고 있다는 것은 아무도 부정할 수 없는 사실입니다. 그런데 마음이 항상 제멋대로 작용하는 것은 아닙니다. 우리는 산란한 마음을 가라앉힐 수도 있고, 가만히 있는 마음을 흥분시킬 수도 있습니다. 이런 사실로 보아, 마음을 관찰하고 통제하는 자가 있을 것으로 추정할 수 있습니다. 그렇다면 이번에는 마음을 관찰하고 통제하는 자를 찾아야 합니다. 이리하여 찾게 된 것이 있다면 바로 이것을 마음의 주인, 다시 말하면 마음의 주체로 간주할 수 있을 것입니다.

인도의 철학자들은 탐구 끝에 자아를 마음의 주인, 즉 마음의 주체로 지목했습니다. 이로부터 자아는 고상한 철학적 개념으로 고착되었습니다. 그러나 그 자아라는 말이 대단히 특별한 것을 가리키는 것은 아닙니다. 우리는 '자기 자신'이라는 말을 흔하게 듣고 사용하고 있습니다. '자기 자신'이라는 말은 가리키는 것이 분명한 듯하지만, 실제로는 상당히 막연한 말이지요. 그런데 자아는 본래부터 자기 자신나 자신을 일컫는 말이었습니다.

　우리의 겉모습은 저마다 다릅니다. 우리는 이 겉모습을 나, 자기, 자신 따위로 일컬으면서 다른 사람과 구분합니다. 그러나 이런 말로 나를 일컫는 데에는 한계가 있습니다. 겉으로 드러나지 않는 나만의 특성이나 정신으로, 겉모양과는 다른 나를 가리키고자 할 때는 어떻게 해야 합니까? 다시 말해서 겉으로 드러나는 것도 나고, 드러나지 않는 것도 나일 때, 드러나지 않는 나를 어떻게 말해야 합니까?

　이럴 경우, 드러나지 않는 나를 직설적으로 표현하려고 한다면 '나의 나'라든가 '나인 나'라는 식으로 말할 수밖에 없을 것입니다. 아무래도 두루 사용하기에는 어색한 말입니다. 그래서 그 대신 채택한 말이 '자기 자신'입니다. 우리가 마음의 주체로 생각하는 자아란 자기 자신입니다. 겉으로는 드러나지 않는 자기(나)를 특정하여 강조하는 말이 자기 자신이고 자아입니다. 그리고 이런 말들은 애초 '나의 나' 또는 '나인 나'라는 관념을 내포하고 있습니다. 여기에 나자기라는 관념이 중첩되어 있다는 사실은 자아라는 관념의 병폐를 이해하는 데 중요한 단서가 됩니다.

자아를 절대시한
옛 철학자들의 관념

부처님 당시에 고대의 전통을 따르는 철학자들은 자아를 거의 신과 같은 불멸의 존재로 절대시하는 관념에 빠져 있었습니다. 부처님이 보기에 그들의 관념은 결코 사실일 수 없었습니다. 자아라는 것도 생각하는 것 또는 의식하는 것인 한, 결코 무상의 이치를 거역할 수는 없기 때문입니다.

내 마음이 진실인지 거짓인지 누가 판단하는가?

상대방이 나를 오해했다고 생각될 때, 우리는 보통 나의 진심은 그것이 아니라고 하소연하는 것으로 그 오해를 풀어 보려고 애씁니다. 그러나 그 진심을 꺼내 보여 줄 수는 없으므로 답답해합니다. 그래서 그 진심을 말로 설명해 보려고 애쓰지만, 답답하기로는 역시 마찬가지입니다.

내가 아무리 진심이라고 말하더라도 상대방이 생각하기로는 그래 봤자 속마음에 불과합니다. 그 속마음이 진실인지 거짓인지는 아무도 증명할 수 없습니다. 속마음을 갖고 있는 당사자는 그 속마음의 진위를 알지 않을까요? 물론 그럴 것이라고 생각합니다. 하지만 나의 속마음은 진실하다고 스스로 알고 있다는 것이 속마음의 진실성을 확정하는 것은 아닙니다.

속마음이 진실인지 거짓인지를 누가 판명합니까? 다른 사람은 내가 가진 속마음의 진위를 판명할 수 없습니다. 진심이라고 말하고 있는 바로 내가 나의 속마음은 진실이라고 판단한 것입니다. 사실은 진실이라고 우기고 있는 셈이지요. 자기가 자기를 판단한 것일 뿐이니까요.

여기서 마음이라는 것이 '판단하는 자기'와 '판단 받는 자기'로 나뉘어 작용하고 있음을 알 수 있습니다. 일상생활에서 내가 움직이고 말하고 느끼고 생각하는 모든 활동은 '판단 받는 자기'의 영역입니다. 그러므로 이 모든 활동은 '판단하는 자기'의 대상이 됩니다. 다시 말하면 '판단하는 자기'는 모든 활동의 주체입니다. 그리고 '판단하는 자기'가 바로 자아입니다. 드러나지 않은 채 판단하는 자기를 내면의 은밀한 실체인 것처럼 일컫는 말이 자아입니다. 인도의 옛 철학자들은 이러한 자아를 인간의 내적 본체 또는 본질로 간주했습니다.

범아일여, 자아의 초월적 확장

부처님 당시에 고대의 전통을 따르는 철학자들은 자아를 거의 신과 같은 불멸의 존재로 절대시하는 관념에 빠져 있었습니다. 부처님이 보기에 그들의 관념은 결코 사실일 수 없었습니다. 자아라는 것도 생각하는 것 또는 의식하는 것인 한, 결코 무상의 이치를 거역할 수는 없기 때문입니다. 인도의 고대 철학서인 우파니샤드에 나오는 다음과 같은 교설은 자아에 대한 관념이 어떻게 확장되어 가는지 잘 보여 줍니다.

> 인간은 의향으로 이루어져 있다. 저 세상에서 인간은 이 세상에 있는 그 의향과 똑같이 된다. 그러므로 인간은 의향을 정해야 한다.
>
> 의식으로 이루어지고, 숨을 신체로 갖고, 빛을 형상으로 갖고, 진실을 생각하고, 허공을 본성으로 갖고, 모든 행위와 모든 의욕과 모든 향과 모든 맛을 갖추고, 이 모든 것에 편만하며, 말없이 초연해 있는 것.
>
> 이것이 심장 안에 있는 나의 자아이며, 쌀알보다 혹은 보리알보다 혹은 겨자씨보다 혹은 수수보다 혹은 수수의 핵보다도 작다. 또 한편으로 심장 안에 있는 나의 그 자아는 대지보다도 크고, 하늘과 땅의 중간보다도 크고, 하늘보다도 크고, 이러한 세계들보다도 크다.

> 모든 행위와 모든 의욕과 모든 향과 모든 맛을 갖추고,
> 이 모든 것에 편만하며, 말없이 초연해 있는 것, 이것이
> 심장 안에 있는 나의 자아요, 바로 이 브라만이다.

이 교설은 인도 철학에서 유명한 범아일여梵我一如의 사상을 천명한 것입니다. 범아일여란 이 교설의 마지막에 드러나 있듯이 자아我와 브라만梵이 동일하다고 생각하는 것입니다. 브라만은 우주의 본체 또는 본질을 일컫는 말이고, 우주의 자아에 해당합니다. 이 때문에 이 교설에서는 자아를 갈수록 더 초월적인 존재로 묘사하고 있습니다.

이 교설 중에서 부처님이 사실로 인정할 수 있는 것은 첫째 단락, 그리고 둘째 단락의 일부 정도입니다. 즉 인간은 의향으로 이루어져 있고, 의식으로 이루어진 것이 자아라는 사실입니다. 부처님이 통찰한 자아의 정체도 바로 그 의향과 의식에서 찾을 수 있습니다. 그러나 우파니샤드에서 설파하는 자아는 이로부터 출발하여 모든 것을 아는 신비로운 초월자로 격상합니다.

우파니샤드가 결론내린 자아

우파니샤드의 결론에 의하면 자아는 다음과 같은 것입니다.

> 자아는 볼 수 없는 것을 보는 자, 들을 수 없는 것을 듣는 자, 생각할 수 없는 것을 생각하는 자, 식별할 수 없는 것을 식별하는 자이다. 그 자아를 제외하고는 보는 자가 없고, 그를 제외하고는 듣는 자가 없고, 그를 제외하고는 생각하는 자가 없으며, 그를 제외하고는 식별하는 자가 없다. 그것이 너의 자아요, 내부의 통제자요, 영생하는 자이다. 이 밖의 것은 고통이다.

이와 같은 초능력을 갖고 영생하는 유일한 것이 자아라면, 이런 자아는 신과 다르지 않다고 말할 수 있습니다. 아니, 인간의 내부에 있는 신이 자아입니다. 부처님의 통찰로는 정말 터무니없는 자아라고 할 수 있습니다. 부처님은 이런 자아를 어떻게 생각했을까요?

아래는 살만 루시디의 소설 《악마의 시》에서, 천사와 악마로 대비되는 두 사람이 각각 진짜 자아와 가짜 자아를 갖고 있을 것이라는 주장을 반박하는 내용입니다. 짐작컨대 이런 터무니없는 주장에 대한 부처님의 생각도 이와 같았을 듯합니다.

> 그와 같은 구분은 사람의 자아가 (완전무결하게) 일관적이고 잡종이 아닌 '순수'한 것이라는 — 도무지 말도 안 되는! — 가정에 바탕을 두게 마련이므로 도저히 받아들일 수 없고 또 받아들여서도 안 된다. 안 되고말고!

살만 루시디는 인도 출신의 소설가인지라 자아에 관한 인도의 전통적 관념을 잘 알고 있었을 것입니다. 표현은 이와 다를지라도 부처님은 자아에 관한 기존의 관념을 가정에 불과한 것으로 생각하여 받아들이지 않았습니다. 그렇지만 인도에서는 우파니샤드의 가르침을 진리로 신봉하였으므로, 사람들은 우파니샤드에서 가르친 자아를 곧이곧대로 받아들였습니다. 이에 따라 자아를 절대시하는 통념이 형성되었습니다. 즉 자아는 인간의 내면에서 신처럼 모든 행동과 생각을 지배하는 불멸의 실체영생하는 자로 간주된 것입니다. 이런 자아는 영혼으로 불리기도 합니다.

자아에 관한 상식과 고정관념

고정관념은 뿌리 깊은 잠재의식이 되어 우리의 행동과 생각을 가장 폭넓게 지배합니다. 그런 만큼 고정관념에 오류가 있다면, 이 오류는 우리의 인생 전반에 영향을 미칠 수 있습니다. 그러므로 우리는 자신의 생각이나 지식이 고정관념일지 모른다고 의심해 보아야 하고, 고정관념의 근거가 참인지 거짓인지를 성찰해 보아야 합니다. 부처님은 자아 관념이 이러한 경우에 해당한다고 역설했습니다.

철학적 상식의 자아

우파니샤드의 철학자들이 자아를 절대시하기에 이르렀다고 해서, 그들이 자아를 전적으로 잘못 성찰했다고 평가할 수는 없습니다. 오히려 그들의 성찰에는 자아의 정체를 간파하는 데 필요한 결정적인 단서가 있습니다. 자아를 보고 듣고 이해하고 아는 자로 성찰한 것입니다. 다만 이런 자아를 초현실적인 실체로까지 확신할 수 있느냐 없느냐 하는 문제에서는 저마다 견해가 다를 수 있습니다. 부처님은 이에 대해 확신할 수 없다는 견해를 천명했습니다.

인도 철학에서 통용된 상식에 의하면, 보고 듣고 이해하고 아는 능력은 최종적으로 자아에 귀속됩니다. 다시 말하면 우리가 보고 듣고 이해하고 알게 되는 것은 자아의 확인을 거친 결과입니다. 보고 듣고 이해하고 아는 것을 통틀어 인식이라고 합니다. 그러므로 자아는 인식의 주재자이고 인식의 최종 담당자입니다. 철학적 상식에서 자아를 인식의 주체로 간주하는 것도 이 때문입니다. 여기서 인식이니 의식이니 하는 말들이 애매하게 들린다면, 이런 말들은 어쨌든 마음을 가리키는 것으로 이해해도 무방합니다. 이는 인식의 주체를 마음의 주체로 생각해도 좋다는 말입니다.

자아에 관한 상식과 고정관념

자아를 절대시하게 된 계기를 자아에 관한 상식에서 찾을 수 있습니다. 이 상식에 따르자면 자아란 인식의 주체에 붙인 이름입니다. 인식의 주체와 같은 것이 있어야 한다는 생각에는 누구나 동의할 수 있습니다. 그러나 주체라는 관념은 자칫 자아를 과대 포장하기 쉽습니다. 주체라는 말에는 주관, 주재, 감독, 지배, 주인 따위의 의미가 모두 포함되어 있기 때문입니다. 실제로 인도 철학에서는 자아를 몸과 마음의 주인이요, 지배자로 묘사하기 일쑤입니다. 범아일여의 사상도 이러한 관념의 연장선에 있습니다.

주체라는 관념의 여파는 단지 이것으로 그치지 않습니다. 우리가 죽음에 이르러 몸과 마음이 활동을 정지하고 급기야 사라지면, 그 다음은 어떻게 될까요? 내가 거듭 다시 태어난다는 윤회를 믿는 한, 이때 남아 있을 것으로 기대할 수 있는 것은 몸과 마음을 지배하는 자아뿐입니다. 자아가 이런 기대와 합치하는 것이라면, 자아는 내게 유일한 불멸의 실체로 간주될 수 있을 것입니다. 자아가 영혼과 동일시되는 이유가 여기에 있습니다.

이뿐만이 아닙니다. 자아를 인식의 주체로 생각하는 관념은 하나의 고정관념을 동반하고 있습니다. 즉 자아가 보고 듣고 이해하고 아는 능력, 간단히 말해서 자아의 지성은 항상 순수하고 진실할 것이라는 고정관념입니다. 이런 고정관념이 없다면 자아는 있으나마나 한 것이 됩니다. 자아의 지성을 순수하고 진실하다고 믿지 않는다면 자아가 담당해야 할 역할이 전혀 없습니다.

마음의 주인 또는 지배자를 자아라고 가정한 것은, 마음의 활동이 참인지 거짓인지 판단하는 또 하나의 마음이 있을 것으로 믿기 때문입니다. 이 같은 또 하나의 마음이 자아라면,

이 자아는 순수하고 진실한 지성을 갖추고 있어야 합니다. 그렇지 않다면 마음으로 안다는 것과 자아가 안다는 것에 무슨 차이가 있겠습니까? 마음만으로도 충분하지요.

그러나 자아의 순수성과 진실성을 객관적으로 확인할 수 있는 사람도 없고 방법도 없습니다. 자아의 지성이 순수하고 진실하다는 것을 누가 어떻게 증명할 수 있습니까? 우선 자아를 관찰하는 다른 주체가 있어야 할 것입니다. 이번에는 이 다른 주체를 관찰하는 또 하나의 다른 주체가 있어야 할 것입니다. 그러나 이 주체를 관찰하는 다른 주체가 다시 필요합니다. 이와 같이 나아간다면 끝이 없게 됩니다. 이와 같은 사태를 무한 소급이라고 합니다.

자아 관념은 가정으로 형성된 고정관념

무한 소급을 방지할 수 있는 방법은 하나뿐입니다. 자아의 지성은 원래 순수하고 진실하다고 가정하는 것입니다. 그렇다면 자아를 유일한 불멸의 실체로 간주한 것도, 이러한 실체를 영혼으로 간주한 것도 가정일 뿐입니다. 이러한 가정은 그대로 자아에 관한 고정관념이 되었습니다. 자아는 순수하고 진실한 지성을 가진 불멸의 실체일 것이라고 가정한 것을 실제로 그렇다고 믿게 된 것이 바로 그 고정관념입니다. 자아에 관한 상식이 이 같은 고정관념을 낳았습니다. 이제부터 자아 관념이라는 말은 이러한 고정관념을 가리킵니다.

부처님은 자아 관념이 가정으로 형성된 고정관념이라는 사실을 깨달았습니다. 고정관념이 무조건 나쁜 것은 아닙니다. 다만 고정관념의 토대가 되는 가정이 부실하거나 허위일 때는 그 고정관념은 바람직하지 않은 결과를 초래할 수 있습니다. 고정관념은 뿌리 깊은 잠재의식이 되어 우리의 행동과 생각을 가장 폭넓게 지배합니다. 그런 만큼 고정관념에 오류가 있다면, 이 오류는 우리의 인생 전반에 영향을 미칠 수 있습니다. 그러므로 우리는 자신의 생각이나 지식이 고정관념일지 모른다고 의심해 보아야 하고, 고정관념의 근거가 참인지 거짓인지를 성찰해 보아야 합니다. 부처님은 자아 관념이 이러한 경우에 해당한다고 역설했습니다.

자아 관념은 필요에 따라 불가피하게 설정된 가정의 소산입니다. 그렇지만 사람들은 이 점을 거의 염두에 두지 않습니다. 사람들은 그 가정을 그냥 사실로 믿으면서 자아 관념에 얽매여 있습니다. 자아 관념을 진정한 사실로 확신하려면, 먼저 해결해야 할[先決] 문제가 있습니다. 자아 관념의 선결 문제는 그 토대가 되는 가정을 사실로 증명하는 일입니다. 그러나 그 토대는 앞서 말한 무한 소급으로 인해 증명될 수 없습니다.

그럼에도 불구하고 자아 관념에 얽매인 채 살아가는 우리의 행동과 생각은 수시로 오류를 범할 수 있습니다. 선결 문제가 해결되지 않은 관념이나 주장은 항상 오류의 가능성을 내포하기 때문입니다. 이 같은 오류를 '선결 문제 미해결의 오류'라고 합니다. 자아 관념의 경우, 이러한 오류는 심각한 병폐를 초래할 수 있습니다. 이 병폐를 한마디로 말하면 나 혹은 자아에 대한 집착, 그리고 이로부터 발생하는 고통입니다. 자아 관념을 포함하여 자아의 정체를 깨닫지 못하는 한, 우리는 이 같은 사태를 피하기 어렵습니다.

오온, 부처님이 인정한
자아의 정체

부처님이 보기에 사람들이 고정관점으로 확신하는 자아란 사실 오온에 불과한 것입니다. 사람들이 생각하는 자아는 실제로는 없고, 그런 자아의 역할을 하는 것은 있습니다. 이것이 바로 오온입니다.

피타고라스와 데카르트의 자아

 인도의 고대 철학과 견줄 만한 철학으로는 단연 고대 그리스의 철학을 들 수 있습니다. 인도 철학을 주도했던 아리안은 본래 유럽에서 이주해 온 종족이었기에 더욱 그럴 만합니다. 고대 그리스의 철학자들 중 피타고라스는 수학자, 과학자, 신비주의자로도 널리 알려져 있습니다. 피타고라스가 신비주의자로 유명한 이유는 그의 철학적 관심은 영혼과 자아였기 때문입니다.

 피타고라스는 영혼이 윤회한다고 믿었습니다. 그의 믿음에 따르면, 몸이 소멸할 때마다 다른 몸으로 들어가는 불멸의 실체가 있는데, 이 실체가 영혼입니다. 그가 믿었던 영혼은 윤회하는 과정을 통하여 정화되거나 오염됩니다. 그러나 윤회하는 가운데 변하지 않는 영혼이 있는데, 이러한 영혼이 바로 자아입니다.

피타고라스의 자아 관념은 이 같은 요점으로만 보면 인도 철학의 자아 관념과 그다지 다르지 않습니다. 피타고라스는 부처님과 같은 시대인 기원전 5~6세기에 생존했습니다. 그러므로 부처님 당시에는 인도에서 통용되고 있었던 자아 관념이 그리스에서도 통용되었던 셈입니다. 부처님은 이러한 자아 관념에 근본적인 오류가 있음을 발견하여 자아의 정체를 깨달았습니다. 이 깨달음을 일컬어 무아설이라고 합니다.

그런데 유럽에서는 이보다 약 2천 년이 지난 후에서야 부처님의 깨달음을 일부 수용한 듯한 시각으로 자아를 성찰한 철학자가 등장했습니다.

근대 철학의 아버지로 불리는 프랑스의 데카르트는 "나는 생각한다. 그러므로 나는 존재한다."라는 유명한 명제를 남긴 철학자로 우리에게 잘 알려져 있습니다. 그의 명제를 따르자면 '나는 생각한다'고 아는 또 하나의 '나'가 있어야 합니다. 그런 '나'가 있어야만 내가 생각하고 있다는 사실을 알고, 그리하여 나는 존재한다고 알 수 있습니다. 이처럼 내가 생각하고 존재한다는 사실을 아는 나, 이런 나를 자아라고 합니다. 이 경우, 자아는 자기나를 아는 것입니다. 간단히 말해서 자기의식이 자아입니다.

데카르트의 자아 탐구의 결론

데카르트는 자기의식으로서의 자아를 탐구한 끝에 아주 간단한 결론에 도달했습니다. 즉 자아란 '생각하는 것'일 뿐입니다. 그는 정신, 영혼, 지성 혹은 이성을 자아의 예로 들었습니다. 생각이라는 말을 의식이라는 말로 바꾸면, 의지와 느낌 등 의식의 모든 영역을 포괄하는 것이 자아이며, 순전히 의식 안에 살고 있는 것이 자아입니다.

데카르트가 탐구한 자아의 본질은 자율성을 지닌 생각, 즉 의식입니다. 바꾸어 말하면 자율적으로 생각의식하는 주체가 자아입니다. 이를 집약해서 말하자면 정신이 자아입니다. 이리하여 정신세계와 물질세계는 확연히 구분됩니다. 데카르트의 철학이 이원론으로 불리는 이유가 여기에 있습니다.

자아에 관한 데카르트의 성찰은 사상적으로는 매우 중요한 업적으로 평가되었습니다. 그러나 자아가 육체적인 것을 포함한 물질세계로부터 단절되어 버렸다는 문제점도 지적되었습니다. 다시 말하면 생각하는 자아와 생각하지 못하는 물질을 전혀 별개의 것으로 간주함으로써, 정신세계와 물질세계 사이의 교섭을 설명하기 어렵게 되어 버렸습니다. 인간은 육체라는 물질을 갖고 있기 때문에, 그의 이원론은 인간을 이해하는 데 한계가 있는 것으로 평가되었던 것입니다.

부처님, 자아의 정체를 깨닫고 인간의 특성을 이해하다

부처님은 인간이 어떠한 존재인지를 성찰하는 과정에서, 사람들이 고정관념으로 믿고 있는 자아의 정체를 깨달았습니다. 그러므로 부처님이 통찰한 자아를 이해한다는 것은 그대로 인간의 특성을 이해하는 것이기도 합니다. 부처님이 자아에 관해 통찰한 내용에서는 데카르트의 경우와 같은 문제점이나 한계를 발견할 수 없습니다. 부처님은 육체와 정신을 분리할 수 없는 존재가 인간이라고 이해하여, 자아에는 육체적 요소도 배어 있다고 통찰했기 때문입니다.

다만 부처님은 자아를 직접 설명하지 않고, 자아 관념의 허상과 오류를 적시하는 것으로 자아의 정체를 우리 스스로가 깨닫도록 유도했습니다. 이렇게 간접적으로 유도할 수밖에 없었던 것은 고정관념 때문입니다. 자아에 관한 고정관념에 빠진 상태에서는 부처님이 통찰한 자아를 결코 자아로 인정할 수 없을 것입니다. 자아를 판정하는 기준이 원천적으로 다르기 때문입니다.

부처님과 데카르트 자아의 비교

고정관념이 야기할 수 있는 혼동을 피하기 위해서는 데카르트가 성찰한 자아를 부처님이 통찰한 자아와 비교해 보는 것이 무난하겠습니다.

먼저 정신과 육체에 해당하는 불교 용어로 명색名色의 의미를 알아 두어야 합니다. 명은 정신적 활동, 달리 말하면 마음의 작용을 형성하는 요소입니다. 색은 육체를 포함하여 물질을 형성하는 요소입니다. 명은 다시 수受·상想·행行·식識이라는 넷으로 형성됩니다. 이 넷을 색과 합하여 오온이라고 합니다. 앞에서는 오온을 '몸과 마음과 물질적 환경'이라고 간략하게 설명했습니다. 그 이유는 몸과 물질적 환경을 포괄하는 것이 색이고, 마음은 명에 해당하기 때문입니다.

데카르트는 '의지와 느낌 등 의식의 모든 영역을 포괄하는 것'을 자아로 규정했습니다. 이는 불교로 말하면 오온 중 색을 제외한 수·상·행·식을 자아로 규정한 것과 같습니다. 수는 느낌, 상은 말이나 개념으로 생각을 일으키는 것입니다. 행은 의지이고, 식은 식별하는 것입니다. 우리가 마음으로 생각한다거나 의식한다고 예사롭게 말하는 것은 수·상·행·식의 일부 또는 전체가 합동하여 작용하고 있다는 것과 같습니다. 그러므로 데카르트가 성찰한 자아는 수·상·행·식을 모두 포괄한다고 이해할 수 있습니다. 데카르트는 이처럼 명색 중의 명, 구체적으로는 수·상·행·식을 자아의 본질로 생각했던 것입니다.

데카르트가 성찰한 자아에는 색이 배제되어 있습니다. 그러나 부처님이 통찰한 자아에는 색도 포함되어 있습니다. 데카르트가 성찰한 자아에 색을 포함시키면 오온이 됩니다. 그러므로 우선 갈피를 잡기 위해 다음과 같이 정리해 보겠습니다.

보통 사람들은 순수하고 진실한 지성을 가진 불멸의 실체가 자아일 것으로 믿고 있습니다. 이것이 자아를 규정하는 고정관념입니다. 또한 이런 자아가 곧 영혼일 것으로 믿는 것도 고정관념입니다. 그러나 모든 것이 무상한 세계에서는 그와 같은 자아가 실제로는 있을 수 없습니다. 부처님이 보기에 사람들이 고정관념으로 확신하는 자아란 사실 오온에 불과한 것입니다. 사람들이 생각하는 자아는 실제로는 없고, 그런 자아의 역할을 하는 것은 있습니다. 이것이 바로 오온입니다. 그러므로 사람들이 늘상 말하는 자아는 오온과 같은 것입니다. 다만 사람들의 고정관념을 무시하고 자아라는 말만 사용한다면, 오온이 곧 자아라고 말할 수 있습니다.

자아와 영혼의 정체는
업 덩어리인 오온

보통 사람들이 불멸의 실체일 것으로 믿고 있는 자아 또는 영혼은 실제로는 오온입니다. 윤회도 이 오온으로 가능합니다. 오온은 업 덩어리이기 때문입니다. 그렇다면 자아라는 것도 이러한 업 덩어리에 불과합니다.

자아와 영혼

부처님이 인정하는 자아는 오온입니다. 영혼의 역할을 하는 것도 오온입니다. 사람들이 보통 생각하는 것과 같은 영혼은 없고, 오온이 그런 영혼의 역할을 충분히 해낼 수 있습니다. 그래서 부처님의 가르침을 해설한 《구사론》이라는 불전에서는 자아와 영혼을 다음과 같이 설명합니다.

> 사람들이 생각하는 자아란 어떠한 것인가? 그것은 가정된 것이다. 사실은 '현생에서 이 오온을 버리고 내생에서 다른 오온을 재구성한 것'을 자아라고 말하고 있는 것이다. 인간의 내부에서 기능하는 영혼과 같은 그런 자아

는 존재하지 않는다.

자아라는 말의 고정관념에 빠져 있는 상태에서는 오온을 가짜 자아 또는 가정된 자아로 생각할 것입니다. 그러나 고정관념을 버리고 오온과 같은 것을 자아라고 말한다면, 이런 자아는 존재하는 것으로 인정됩니다.

부처님의 통찰에 의하면, 사람들이 고정관념에 빠져 보통 생각하는 자아는 가짜 자아 또는 가정된 자아입니다. 그렇기 때문에 부처님은 이런 자아를 인정하지 않았던 것입니다. 그러므로 불교에서 말하는 무아는 오온과 같은 자아까지 모두 싸잡아 없다고 부정한 것이 아닙니다. 부처님이 거부했던 것은 기존의 자아 관념, 즉 자아에 관한 그릇된 관념이었습니다. 자아를 영혼으로 생각한다면, 영혼에 관한 부처님의 통찰은 자아의 경우와 똑같습니다.

사실 인도 철학에서는 자아와 영혼의 차이가 분명하지는 않습니다. 설명하고 있는 상황에 따라 동일한 말이 자아에 해당하기도 하고 영혼에 해당하기도 합니다. 굳이 크게 구분하자면 자아는 인식의 주체에 적합하고, 영혼은 윤회의 주체에 적합합니다. 또한 자아의 특성으로는 순수하고 진실한 지성을 앞세우고, 영혼의 특성으로는 불변성과 불멸성을 앞세움니다. 여기서 불변성이라는 말에는 유의할 필요가 있습니다. 불변성은 무조건적으로 변하지 않는다는 뜻이 아니라, 겉모습은 바뀌더라도 본질은 결코 변하지 않는다는 뜻입니다.

자아와 영혼은 결국 동일한 것입니다. 그래서 인도 철학의 통념에 따라 영혼을 '불멸의 자아'로 간단히 정의할 수 있습니다. 몸속에 있던 자아는 몸과 함께 소멸하지 않고, 다른 몸으로 이동하여 계속 존재합니다. 이런 경우의 자아에 어울리는 이름이 영혼입니다. 우리말로 넋은 이런 영혼에 해당합니다. 예를 들어 소설 《악마의 시》에서 다음과 같이 묘사한 넋이 바로 영혼입니다.

> 우리의 넋! 우리가 가진 불멸의 본질 말이야! 영원히 변함없으며 다만 옮겨 다니는 가운데 끊임없이 변화하는 형상을 취할 따름이다.

영혼에 관한 기본 관념은 이와 같습니다. 본질에는 변함이 없되 다양한 형상으로 몸을 바꿀 수 있는 것이 영혼입니다. 그리고 여기서 말하는 본질이 바로 자아입니다.

상키야 철학에서 생각하는 자아

자아에 어떤 능력이 갖추어져 있어서 윤회의 세계를 전전하면서 다른 생명으로 환생할 수 있다고 생각한 것일까요? 누구나 궁금해 할 이 의문에 딱 부러지게 대답해 준 사례는 별로 없습니다. 애당초 시원한 설명을 기대하기 어려운 의문이긴 합니다. 그러나 전혀 없지는 않습니다. 인도 철학의 유파 중 이원론을 주장한 상키야 철학에서 그 궁금증을 어느 정도 해소할 수 있습니다. 상키야 철학은 요가의 이론편에 해당하는 철학입니다.

상키야 철학에서 생각하는 자아는 이제까지 언급한 자아와는 약간 다릅니다. 이 때문에 자아와 영혼을 동일시했던 인도 철학의 고정관념이 상키야 철학에서는 통용되지 않습니다. 자아와 영혼이 동일하다면, 자아는 인식의 주체인 동시에 윤회의 주체이기도 합니다. 그런데 상키야 철학에 따르면 인식의 주체는 자아이지만, 윤회의 주체는 자아가 아닙니다. 상키야 철학에서 생각하는 자아는 순수하고 진실한 지성일 뿐입니다. 이런 자아에 적합한 표현은 순수정신입니다.

상키야 철학에서는 윤회의 주체로서 영혼에 해당하는 것을 순수정신인 자아와는 완전히 구분했습니다. 그리고 이런 영혼을 물질적 속성을 지닌 것으로 간주했습니다. 여기서 물질적 속성이라는 말을 육체의 기능에 더 가깝다는 뜻으로 이해하는 편이 한결 나을 것입니다.

상키야 철학에서는 물질적 속성을 지니면서 윤회의 주체가 되는 것을 미세신微細身이라고 부릅니다. 미세신은 말 그대로 미세한 신체라는 뜻입니다. 눈과 귀 따위의 감각 기관으로는 직접 확인할 수 없으나, 육체의 기능에 더 가깝기 때문에 미세신이라고 부르는 것입니다. 바로 이 미세신이 영혼의 역할을 맡아 윤회합니다. 그런데 미세신은 여러 가지 기능으로 이루어진 복합체입니다.

상키야 철학에서 윤회의 주체로 간주하는 미세신은 불교에서 말하는 오온과 거의 같습니다. 미세신은 오온을 모두 포함합니다. 그럼에도 미세신과 오온이 완전히 같다고 말할 수 없는 이유는, 미세신에 포함된 색과 오온에 포함된 색의 내용이 일치하지는 않기 때문입니다. 그러나 여기서는 더 이상 구체적으로 설명할 필요가 없습니다. 어쨌거나 미세신과 오온이 매우 유사하다는 사실에 주목하는 것으로 충분합니다.

인간은 영혼이 아닌 오온으로 윤회한다

앞에 소개한 《구사론》의 설명으로 알 수 있듯이, 부처님의 통찰에 의하면, 인간은 영혼이 아니라 오온으로 윤회합니다. 그리고 이렇게 통찰한 것이 전혀 이상하지 않다는 사실을 상키야 철학의 미세신으로도 알 수 있습니다.

인간이 오온 또는 미세신으로 윤회한다고 믿는 것이 영혼으로 윤회한다고 믿는 것보다 더 사실과 논리에 부합합니다. 흔히 말하는 자아 또는 영혼은 애초부터 가정된 실체입니다. 더욱이 순수하고 진실한 지성이 자아요, 영혼이라면 한결같은 상태로 있어야지 왜, 어떻게 짐승이나 사람으로 윤회하겠습니까? 이렇게 윤회하려면 현생에서 우리가 지은 업이 그런 영혼에 묻어 있어야 할 것입니다.

인도 철학에서 이구동성으로 인정하는 것은 우리가 지은 업이 윤회로 재생할 몸을 결정한다는 사실입니다. 그런데 자아를 신과 같은 순수한 존재라고 믿으면서, 이런 자아에 불순물과 같은 업이 배어들어 윤회한다고 생각하는 것은 신성모독이 되지 않을까요? 이는 자가당착입니다.

부처님은 오온으로 이루어져서 이 오온으로 살아가는 것이 바로 인간이라고 통찰했습니다. 인간이 살아가면서 지은 업도 고스란히 오온에 배어들 수밖에 없습니다. 인간의 죽음이란 오온이 해체되는 상태입니다. 그리고 오온에 배어든 업의 힘으로 오온은 다시 결합합니다. 이때 오온은 업의 힘이 작용하는 대로 새로운 몸으로 다시 태어납니다. 이것이 업에 의한 재생이고 오온에 의한 윤회입니다. 이런 오온은 업 덩어리라고 할 수 있습니다.

이제 부처님의 통찰에 따라 자아의 정체를 다음과 같이 밝힐 수 있겠습니다.

보통 사람들이 불멸의 실체일 것으로 믿고 있는 자아 또는 영혼은 실제로는 오온입니다. 윤회도 이 오온으로 가능합니다. 오온은 업 덩어리이기 때문입니다. 그렇다면 자아라는 것도 이러한 업 덩어리에 불과합니다.

자아 관념의 병폐는 아집

아집은 무상의 이치를 외면하는 것으로 자기만족을 얻고자 하는 욕구에 지나지 않습니다. 이치를 외면하는 것은 허위가 됩니다. 허위의 결과는 역시 허위입니다. 아집으로 얻었다 싶은 자기만족도 역시 허위입니다. 이 허위의 근원은 그릇된 자아 관념입니다. 그릇된 자아 관념이 초래한 최악의 병폐가 아집입니다.

자아에 대한 집착을 버려야 고통에서 벗어날 수 있다

순수하고 진실하며 영원한 것은 우리 모두가 가장 염원하는 최상의 것입니다. 이런 최상의 것이 우리에게 자아로 갖추어져 있다고 믿는다면, 이런 믿음은 살아가는 데 큰 위안이 될 수 있을 것입니다. 또한 자아는 최상의 것인지라 집착할 만한 대상이 될 수 있을 것입니다. 그러나 그 믿음이 사실은 착각에 지나지 않는다면 어떨까요? 그래도 자아는 여전히 집착할 만한 대상이 될 수 있을까요? 자아에 관한 고정관념을 버리지 못한 사람에게는 이런 의문 자체가 얼토당토않을 것입니다.

집착의 대상이 절대적으로 좋은 가치를 지닌 것, 예를 들어 순수하고 진실하면서 변함없이 영원한 것이라면, 이런 대상에 대한 집착은 권장할 만한 것입니다. 아마 이런 집착은 의욕이라든가 의지라는 좋은 뜻으로 바뀔 것입니다. 만약 흔히 말하는 자아가 단연코 이와 같은 대상이라면, 자아에 집착하는 것을 탓할 사람은 아무도 없을 것입니다. 그러나 이미 충분히 살펴보았듯이 이런 자아는 집착할 만한 실제 대상이 아닙니다.

예나 지금이나 대부분의 사람들은 자기 자신에 집착한 채 살아갑니다. 자기 자신이 곧 자아이므로, 자아에 집착하고 있는 것이지요. 하지만 이는 착각 때문입니다. 자아는 무조건 추구할 만한 최상의 것이라고 생각하는 착각 때문입니다. 자아에 관한 고정관념이 이런 착각을 불러일으킨 것입니다.

증명할 수 없는 가정을 사실인 것으로 치부해 버린 데서 형성된 것이 자아에 관한 고정관념입니다. 이 경우의 자아는 여전히 가정된 것에 불과하고 입증된 사실이 아닙니다. 사실이 아닌 것을 사실이라고 아는 것이 착각입니다. 착각은 그릇된 생각이나 행동을 유발하여 마침내 고통을 초래하기 마련입니다. 부처님이 자아에 대한 집착을 버리라고 역설한 것도 이 때문입니다.

자아 관념이 고통을 유발할 아집으로 발현되다

나 또는 자아에 대한 집착을 아집이라고 합니다. 더 넓게 말하면 자기중심의 사고방식이 아집입니다. 사실은 자아라는 말 자체가 은연중 아집을 유발합니다. 앞에서 설명했듯이 자아는 자기나 자신을 일컫는 말입니다. 또한 자기 자신은 나의 나, 다른 사람이 아니라 나인 나 따위로 자기나 중심의 사고방식을 형성합니다.

그러나 정작 자아가 자기중심의 사고방식을 형성하게 된 근원은 우리 모두가 체험하는 무상한 현실에 있습니다. 모든 것이 변하여 사라지고야 마는 무상한 현실에서 불멸, 불사, 영생을 추구했던 인도의 옛 사색가들이 탐구한 도피처가 자아입니다. 이들도 무상한 현실을 고통으로 인식했기 때문에 영원한 것을 추구했겠지요. 그래서 앞서 소개한 우파니샤드에서도 자아만이 영생하는 자이고 이 밖의 것은 고통이라고 천명했던 것입니다. 이보다 더 오래된 성전에서는 "영생할 수 없는 자는 자아를 갖지 않는다."라고 선언했습니다. 바꾸어 말하면 자아를 갖는 자만이 영생할 수 있다고 선언한 것입니다.

여기서 우리는 영생을 얻고자 하는 욕구가 자아 관념의 밑바탕에 깔려 있음을 엿볼 수 있습니다. 영생을 보장하는 것이 자아라면, 이런 자아야말로 최상의 것으로 추구할 만하고, 너 나 할 것 없이 자아에 집착할 수밖에 없을 것입니다. 인도의 옛 철학자들이 이런 자아를 고상하게 포장한 것이 자아 관념입니다. 물론 이 자아 관념에는 순수하고 진실한 자아를 탐구하는 것을 통해서 고통에서 벗어나라는 깊은 뜻이 담겨 있습니다. 그러나 세속 사람들에게는 자아 관념이 고통을 유발할 아집으로 발현될 수밖에 없었습니다. 그렇지 않았다면 부처님도 아집을 버리라고 그토록 신신당부하지는 않았을 것입니다.

아집이 고통을 유발하는 이유

아집이 왜 고통을 유발할 수밖에 없을까요? 우선은 착각이 문제입니다. 오온일 뿐인 것을 순수하고 진실하고 영원한 자아인 것으로 믿고 있는 착각 말입니다. 그러므로 착각에 빠진 사람들의 아집은 실제로는 오온에 대한 집착입니다. 이런 집착은 자아 관념의 밑바탕에 깔려 있는 근원적인 욕구를 결코 충족시킬 수 없기 때문에 고통이 됩니다. 그 근원적인 욕구는 영생을 얻고자 하는 것입니다. 이것은 무상을 거역할 수 있는 불멸의 것을 얻고자 하는 욕구이기도 합니다. 그러나 오온은 무상한 것이므로, 오온에 집착하는 것으로는 그런 욕구가 결코 충족될 수 없습니다.

여기서 원론적으로 말한 근원적 욕구가 실감으로 다가오지는 않을 것입니다. 우리의 대부분은 영생은 원천적으로 불가능하다는 것을 잘 알고 있기 때문일 것입니다. 그렇다고 해서 우리에게 근원적 욕구가 없는 것은 아닙니다. 우리 모두가 염원하는 행복이 근원적 욕구를 대신합니다. 우리가 아집으로 얻고자 하는 것은 결국 행복입니다. 그리고 이러한 행복은 자기만족일 뿐입니다. 하지만 이 자기만족 역시 아집으로는 달성될 수 없습니다.

우리의 일상생활에서는 아집이 오온에 집착하는 형태로 발동합니다. 오온은 색·수·상·행·식으로 이루어진 자아입니다. 색·수·상·행·식은 저마다 일일이 헤아릴 수 없는 다양한 기능을 발휘합니다. 간단히 말하자면, 육체와 정신의 온갖 기능으로 집합된 자아가 오온입니다. 이 중 정신의 기능은 더욱 다양합니다. 턱없이 부족하기는 하지만 이성, 양심, 욕망, 노여움, 기쁨, 슬픔, 노력, 태만 따위를 그 예로 들 수 있습니다. 우리는 이런 것들이 수시로 변하기 일쑤라는 사실을 경험으로 잘 알고 있습니다.

아집은 끊임없이 변하고 있는 이 같은 정신의 기능에 집착하는 것입니다. 그러므로 아집은 우리의 마음에서 일어나는 온갖 변화를 좇고 있을 뿐입니다. 마음이 수시로 변하는 상태에서 행복을 얻을 수 있는 사람은 아무도 없습니다. 이런 상태에서는 고통을 느낄 뿐입니다. 이처럼 충족될 수 없는 욕구를 좇는 것이 아집입니다. 아집이 고통으로 귀결되고야 마는 이유가 여기에 있습니다.

우리가 그간 알고 있었던 자아는 오온일 뿐이라는 사실을 인정하지 못할 때, 아집으로 자신의 행복을 얻고자 하는 모든 노력은 환상에 불과한 것이 될 것입니다. 아집에 빠진 상태에서는 고통이 될 게 뻔한 것을 행복으로 착각하기 때문에 환상과 같은 것입니다. 아집으로 얻고자 하는 자기만족은 원천적으로 불가능합니다. 만족시키고자 하는 자기가 계속 변하고 있기 때문입니다. 이처럼 자기만족은 그 자체가 무상한 것입니다. 이 사실을 외면한 채 자기만족을 추구하는 것이 아집입니다.

아집은 무상의 이치를 외면하는 것으로 자기만족을 얻고자 하는 욕구에 지나지 않습니다. 이치를 외면하는 것은 허위가 됩니다. 허위의 결과는 역시 허위입니다. 아집으로 얻었다 싶은 자기만족도 역시 허위입니다. 이 허위의 근원은 그릇된 자아 관념입니다. 그릇된 자아 관념이 초래한 최악의 병폐가 아집입니다.

무아에 대한 올바른 이해

무아를 자아가 없다는 뜻이 아니라 아집을 버린다는 뜻으로 이해하면, 무아는 아집의 반대가 됩니다. 기존의 그릇된 자아 관념과 아집은 불가분리의 관계에 있습니다. 아집은 그런 자아 관념의 필연적 결과입니다.

무아는 자아를 부정하는 것이 아니다

부처님의 가르침에서 가장 납득하기 어려운 것이 무엇이냐고 묻는다면, 많은 사람들이 단연 무아를 제일 먼저 지목할 것입니다. 이는 무아라는 말을 액면 그대로, 자아가 없다는 뜻으로만 이해하기 때문입니다. 이와 아울러 영혼을 인정하지 않는 것이 무아라고 이해하기 때문입니다. 정말 부처님이 이런 뜻으로 무아를 가르쳤다면, 이 가르침을 심정적으로 납득하기는 어려울 것입니다. 인간이라면 반드시 자아라든가 영혼을 갖추고 있다고 생각하는 것이 우리의 상식이니까요.

부처님의 가르침은 우리의 상식에서 크게 벗어나지 않습

니다. 무아 역시 그러합니다. 무아라는 말이 자아를 부정하는 뜻을 담고 있는 것은 사실입니다. 그러나 무아는 자아를 무조건 부정하는 것이 아닙니다. 부처님은 기존의 고정관념 탓으로 우리가 잘못 알고 있는 자아를 부정했던 것입니다. 부처님이 인정한 자아는 이제까지 설명한 대로 오온입니다.

우리가 상식으로 알고 있는 자아와 부처님이 통찰한 자아는 그 의미가 서로 다릅니다. 많은 사람들이 무아를 납득하기 어렵다고 생각하거나 오해하게 되는 것은 순전히 기존의 고정관념 때문입니다. 의미가 서로 다른 말을 고정관념으로 형성된 한 가지 뜻으로만 적용하는 데서 난해함이나 오해가 발생합니다.

우리는 이런 사례를 숱하게 경험하고 있습니다. 일상에서 사용하는 말이 전문어로 사용될 때는 의미가 달라지기 일쑤입니다. 똑같은 말을 집단이나 단체에 따라 다른 뜻으로 사용하기도 합니다. 물론 전문어나 집단과는 상관없이 똑같은 말이 상반되는 뜻으로 쓰이는 경우도 적지 않습니다. 이 책에서 나중에 취급할 하심心도 이런 경우에 해당합니다. 불전에서는 이 말이 오염된 마음을 일컫는가 하면, 자비심을 일컫기도 합니다.

무아는 아집을 버리는 것이다

부처님이 자아가 없다고 직설적으로 말한 적은 없습니다. 다만 자아가 아니라고 하였습니다. 부처님이 생각하는 자아와 당시의 철학자들이 생각하는 자아가 다르기 때문입니다. 부처님이 보기에, 그 철학자들이 생각하는 자아는 부처님이 생각하는 자아가 아닙니다. 그래서 부처님은 "그것은 자아가 아니다."라는 말로 자아를 부정했습니다. "그것은 자아가 아니다."라는 말은 "그런 자아는 없다."라는 뜻으로 귀결됩니다. 이 경우의 자아가 어떤 자아인지는 이미 앞에서 충분히 설명했습니다.

한 번 더 반복해서 말하자면, 당시 철학자들이 생각했던 자아는 순수하고 진실한 지성인 동시에 영원한 실체입니다. 그러나 모든 것이 무상하다는 사실을 인정하는 한, 이런 실체는 있을 수 없습니다. 그렇다면 그런 자아도 사실은 없습니다. 무상한 세계에서 자아로 인정할 수 있는 것은 오온뿐입니다. 자아에 관해 이와 같이 통찰한 것을 한마디로 일컬어 무아라고 합니다.

그러므로 이제부터 무아라는 말은 자아에 관한 부처님의 통찰을 가리킨다고 이해해야 합니다. 그리고 이 장에서 지금껏 설명한 것도 자아에 관한 부처님의 통찰이었으므로, 사실은 무아를 충분히 설명한 셈입니다. 그래서 여기서는 무아를 가장 쉽게 정의하는 것으로 무아설의 취지를 설명할 생각입니다.

무아는 단도직입적으로 말하자면 아집의 반대입니다. 여전히 납득하기 어렵다면 유사한 예를 하나 들어 보겠습니다. 무심이라는 말을 어떻게 이해하고 있습니까? 이에 대해서는 단지 마음이 없다는 뜻으로 이해하기보다는 삿된 마음을 버린다는 뜻으로 이해할 수 있겠지요. 무아도 이와 같이 이해하면 간단합니다. 무아를 자아가 없다는 뜻이 아니라 아집을 버린다는 뜻으로 이해하면, 무아와 아집은 반대가 됩니다.

기존의 그릇된 자아 관념과 아집은 불가분리의 관계에 있습니다. 아집은 그런 자아 관념의 필연적 결과입니다. 자아 관념이 무엇인지 모르더라도 상관없습니다. 아집에서 벗어나는 것은 그 자아 관념에서 벗어나는 것입니다. 아집이 사라진다면 자아 관념도 사라집니다. 무아설의 취지는 여기에 있습니다.

무아설은 관념이 아니라 깨달음의 실천이다

 무아를 직접적으로 설명할 수는 없습니다. 자아를 먼저 설명해야 하기 때문입니다. 그래서 사람들이 잘못 알고 있는 자아의 정체를 밝히는 것이 무아설입니다. 자아의 정체는 오온이고 오온은 업 덩어리이므로, 아집은 업 덩어리에 집착하는 것입니다. 업 덩어리는 탐욕과 혐오와 무지를 비롯한 모든 번뇌의 온상입니다. 이러한 사실을 각성시키는 것이 무아설입니다. 이런 각성을 통해 아집을 버리게 하려는 것이 무아설의 취지입니다.

 여기서 무아설은 관념이 아니라 실천이라는 점을 명심해야 합니다. 아집은 물건처럼 버릴 수 있는 것이 아닙니다. 아집을 버린다는 것은 아집에 사로잡히지 않도록, 아집에서 벗어나도록 노력해야 한다는 뜻입니다. 이런 노력을 통해 아집을 약화시킬 수 있습니다. 이리하여 아집이 완전히 무력한 상태가 되면, 이는 아집을 버린 상태라고 말할 수 있습니다. 자신의 마음을 끊임없이 성찰하면서 아집을 무력화시키는 노력을 쏟으라고 요구하는 것이 무아설의 취지입니다. 요컨대 마음을 다스리는 수행을 역설하는 것이 무아설입니다.

무아를 깨닫는 성찰

우리의 육체를 샅샅이 뒤져 보아도 오온 이외의 것은 찾을 수가 없습니다. '가장 소중한 자아인 나'로 불리는 그런 자아는 찾을 수 없습니다. '독재자인 나'로 불리는 그런 자아도 없습니다. 우리는 오온을 자아로 착각하고 있었던 셈입니다.

자아를 성찰하고 무아의 길로 나아가기

앞에서 무아는 아집의 반대라고 말했던 취지를 좀 더 풀어서 다시 말해 보겠습니다. 우리가 상식으로 알고 있는 자아의 정체를 성찰하여 그런 자아에 집착하지 않는 것이 무아입니다. 그렇다면 상식으로 알고 있는 자아의 정체를 성찰하는 것은 무아의 길로 나아가는 첫걸음이 될 것입니다.

티베트의 문화와 불교를 전파하는 일에 전념하고 있는 나왕 겔렉 린포체는 현재 미국 시민입니다. 그는 원래 티베트에서 불교의 전통적인 수행을 구족한 스님이었으며, 공인된 환생 라마였습니다. 달라이 라마는 그를 서양인들에게 불교를 가르치는 가장 탁월한 교사로 인정했습니다. 영어로 출판된 그의 많은 저서들 중 국내에서 번역된 저서로는 《행복한 삶, 행복한 죽음》이 있습니다. 그는 이 책에서 다음과 같은 서술로 자아의 정체를 성찰하기 시작합니다.

> 진정한 적은 내부에 있습니다. 문제를 일으키는 자, 우리의 모든 고통의 원천, 우리의 즐거움을 파괴하는 자, 그리고 우리의 덕을 파괴하는 자는 내부에 있습니다. 그것은 자아입니다. 사람들이 흔히 자아로 부르는 이것은 실은 아집입니다만, 나는 사람들의 통념에 따라 이것을 '가장 소중한 자인 나'로 부를 생각입니다.

여기에는 자아의 정체가 고스란히 드러나 있습니다. 자아란 우리의 내부에 있는 적이며, 한마디로 말하면 아집입니다. 아집을 그릇된 자아 관념이 초래한 '최악의 병폐'라고 말한 이유도 여기서 찾을 수 있을 것입니다. 자아의 정체를 모르는 사람들은 이런 자아를 '가장 소중한 자인 나'로 여기며 살아가고 있습니다. 그러나 우리가 가장 소중한 자아로 여기고 있는 이것이 사실은 우리에게 문제를 일으키고, 고통의 원천이 되고, 즐거움을 파괴하고, 덕을 파괴하는 자아가 됩니다. 그 이유는 자아가 아집으로 군림하기 때문입니다. 그래서 나왕 겔렉 린포체는 '가장 소중한 자인 나'를 다른 말로는 '독재자인 나'로 부릅니다.

자아의 별명으로는 '가장 소중한 자인 나'가 적합하고, 아집의 별명으로는 '독재자인 나'가 적합합니다. 첫째 별명은 우리의 통념을 반영한 것이고, 둘째 별명은 실제의 역할을 반영한 것입니다. 그리고 이것들은 나왕 겔렉 린포체가 독자적으로 지어낸 것이 아니라, 이미 부처님의 설법에 드러나 있는 생각을 요즘 말로 바꾸어 놓은 것일 뿐입니다.

'가장 소중한 자인 나'는 대체 어디에서 찾을 수 있을까?

우리가 '가장 소중한 자인 나'로 여기고 있는 자아는 아집으로 발동합니다. 아집은 자기만족을 얻고자 하는 탐욕이라고 할 수 있습니다. 탐욕이 채워지지 않을 때 아집은 탐욕의 반대인 혐오로 바뀝니다. 이 책의 첫 대목에서 말했듯이, 삼독으로 불리는 탐욕과 혐오와 무지는 서로 어우러져 작용합니다. 자아가 정말로 '가장 소중한 자인 나'라면, 왜 자살하는 사람이 끊이질 않는 걸까요? 자살은 아집이 일으킨 비극이라고 말할 수밖에 없습니다. 다시 나왕 겔렉 린포체의 성찰을 경청해 볼 만합니다.

> '가장 소중한 자인 나'는 어떠한 목적에도 도움이 되지 않습니다. 그것은 오로지 거창하고 비이성적이고 불가능한 요구들을 궁리해 냅니다. 자아는 최고가 되기를 원하고 다른 사람을 배려하지 않습니다. '가장 소중한 자인 나'의 욕구가 충족되고 있는 동안은 매사가 순조롭게 돌아갑니다. 그러나 그렇게 되지 않은 탓으로 자아가 자기에게 눈을 돌릴 때, 자아는 자기를 혐오하게 됩니다. 그 자기 혐오는 결국 집을 태워 버립니다.

여기서는 자아라고 말하고 있지만 정확하게는 아집으로 발동하는 자아를 가리키겠지요. 이처럼 자기혐오를 일으킬 수 있는 것이 아집입니다. 우리가 어려울 때마다 '가장 소중한 자인 나'를 찾아서 붙들고 있을 수만 있다면 자기혐오도 없을 것이고 자살할 생각도 일어나지 않을 것입니다. 예를 들어 자기 집에 가장 소중한 보물이 있다는 것을 알면서도 집을 불태울 사람은 없을 것입니다. 이와는 반대로 자기 집에 가장 소중한 보물이 있는 줄로 알고 있다가, 아무리 찾아보아도 없다는 사실을 알고 나면 좌절하거나 화가 나서 집을 태워 버릴 수는 있겠지요.

그런데 '가장 소중한 자인 나'는 도대체 어디에 있습니까? 나왕 겔렉 린포체와 함께 어디 한번 찾아보지요.

그러나 어디에 있습니까? 그 여왕벌이 영원히 머무는 곳이 어디입니까? 그것은 육체와 동일합니까? 아니면 육체와는 별개입니까? 그것은 마음과 동일합니까? 아니면 마음과는 별개입니까? 그것은 나의 정체성과 동일합니까? 아니면 나의 정체성과는 별개입니까? 내 육체가 나입니까, 혹은 내 마음이 나입니까? 만약 내 육체가 나라면 육체의 어느 부분입니까? 내 피일까요? 내 심장일까요? 내 갈비뼈일까요? 내 뇌일까요? 그리고 만약 내 마음이 나라면, 내 마음의 어느 부분이 나입니까? 내 생각이 나일까요? 내 감정이 나일까요? 내 지각이 나일까요? 내 감각이 나일까요?

오온 이외의 것은 찾을 수 없다

나왕 겔렉 린포체가 수색한 바로는 찾을 수 없다는 것이 절대적인 진실입니다. 우리의 몸과 마음 전체를 샅샅이 뒤져 보아도 '가장 소중한 자인 나'로 불리는 그런 자아는 찾을 수가 없습니다. 그런데 여기서 나왕 겔렉 린포체가 열거하고 있는 질문은 부처님이 《무아상경》이라는 경전에서 설법한 내용을 우리가 이해하기 쉽도록 옮긴 것입니다. 부처님은 이 경전에서 오온인 색·수·상·행·식의 어디에 자아가 있는지, 이것들 중 어느 것이 자아인지 묻고 있습니다. 부처님은 《잡아함경》에서 다음과 같은 비유로 이 질문에 대한 답을 제시합니다.

> 어떤 사람이 단단한 알맹이를 가진 재목을 구하려고 산으로 들어갔습니다. 그 사람은 크고 굵고 곧은 파초나무를 발견하게 되었습니다. 그는 곧장 뿌리와 잎을 잘라 그 껍질을 끝까지 벗겼습니다. 그렇지만 단단한 알맹이는 전혀 없었습니다.

이 비유에서 단단한 알맹이는 '가장 소중한 자인 나'로 불리는 자아를 가리킵니다. 파초나무는 인간의 육체를 가리킵니다. 이 밖에 뿌리와 잎과 껍질 따위는 오온을 가리킵니다. 그러므로 오온으로 이루어진 육체에는 우리가 평소 생각하는 그런 자아가 없다는 것이 이 비유의 결론입니다.

우리의 육체를 샅샅이 뒤져 보아도 오온 이외의 것은 찾을 수가 없습니다. 그렇다면 이제 우리가 깨달을 수 있는 것은 다음과 같은 사실뿐입니다. '가장 소중한 자인 나'로 불리는 그런 자아는 없습니다. 이에 따라 '독재자인 나'로 불리는 자아도 없습니다. 그래도 자아로 불릴 만한 것을 찾자면 오온밖에 없습니다. 그렇다면 우리는 오온을 자아로 착각하고 있었던 셈입니다. 이런 착각이 무지입니다. 우리의 무지가 오온을 빙자하여 지어낸 것이 그런 자아입니다.

3 무아와 무심

무심이라면 무엇을 특별히 바라는 것이 없어야 마땅합니다. 그러나 얻고자 애쓰지 않는 데서 저절로 얻게 된 것은 무심의 공덕입니다. 이런 공덕의 으뜸은 집착과 욕심을 버림으로써 나와 남을 편안하게 하는 것입니다. 다른 하나는 정신 집중으로 해로운 기억을 퇴출시키고 이로운 기억을 활용할 수 있는 것입니다. 이런 것은 무심이 보장해 주는 확실한 효과입니다.

탐욕에서 멀어지는 것이
무아의 시작

이욕(離欲)은 탐욕에서 벗어난다는 뜻입니다. 멀리한다거나 벗어난다는 것은 똑같은 뜻을 달리 표현한 것일 뿐입니다. 그 뜻을 항상 경계하여 잘못되어 있음을 알게 되면 버린다는 것입니다.

오온을 주시하면 '독재자인 나'의 지배로부터 벗어날 수 있다

앞에서 성찰한 대로 자아의 정체를 깨닫게 되었다면, 우리의 마음가짐은 이제부터 바뀌게 될 것입니다. 만약 마음가짐에 전혀 바뀐 게 없다면, 이는 여전히 기존의 자아 관념에 젖어 있는 탓일 것입니다. 자아의 정체를 깨닫게 되면 왜 마음가짐도 바뀌게 될까요? 그 이유를 짚어 보기 위해서는 자아의 정체를 성찰한 끝에 깨달은 사실을 다시 한번 되새겨 볼 필요가 있습니다.

앞에서 말한 것처럼 '가장 소중한 자인 나' 또는 '독재자인 나'로 불리는 그런 자아는 없습니다. 그동안 그런 자아로 알고 있었던 것은 오온에 불과합니다. 그렇다면 그동안은 오온이 '가장 소중한 자인 나' 또는 '독재자인 나'로 불리는 그런 자아의 역할을 하고 있었던 것입니다. 이러한 사실을 깨닫는 것은 그런 자아가 이제는 필요하지 않다는 사실을 깨닫는 것이기도 합니다. 이 중 '독재자인 나'로 불리는 자아는 필요하지 않다는 것으로 그치는 것이 아니라 적극적으로 거부해야 할 대상이 됩니다. 독재자의 지배를 받고 싶은 아무도 없습니다.

'독재자인 나'로 불리는 자아가 무엇입니까? 다름 아닌 아집입니다. 자아의 정체를 모르고 있는 동안, 오온은 아집으로 발동하는 자아이기 때문에 '독재자인 나'로 불립니다. 그러므로 자아의 정체를 깨닫는다면 항상 오온을 경계하고, 오온의 발동인 아집을 멀리해야 할 것입니다. 아예 오온은 불순한 것이라고 생각하여, 항상 오온을 예의주시하는 것이 독재자의 지배로부터 벗어나는 안전한 마음가짐입니다.

이 마음가짐은 오온에 대한 집착을 갖지 않겠다는 각오입니다. 오온은 몸과 마음과 물질적 환경이므로, 간단히 말해서 모든 것에 집착하지 않겠다는 것이 그 마음가짐입니다. 부처님이 《무아상경》의 설법에서 결론으로 강조한 것도 그런 마음가짐입니다.

부처님이 《무아상경》에서 가장 강조하는 것

《무아상경》에서 부처님은 오온의 하나하나를 열거하면서 오온은 사람들이 통념으로 알고 있는 자아가 아니라고 역설합니다. 여기서 말하는 자아는 인도의 옛 철학자들이 성찰하여 고정관념이 되어 버린 자아, 즉 '가장 소중한 자인 나'로 불리는 불멸의 자아를 가리킨다는 점에 유념해야 합니다.

오온이 그런 자아가 아닌 이유는 간명합니다. 예를 들어 색(육체)이 변함없이 영원한 자아라면 색에는 병이나 고통이 없어야 할 것입니다. 그러나 색은 그런 자아가 아니기 때문에 색에는 병이나 고통이 발생합니다. 나머지 수·상·행·식도 이와 마찬가지입니다. 결국 오온은 무상한 것이고 고통이 되기 때문에 오온을 변함없이 영원한 자아라고 말할 수는 없습니다. 오온을 이와 같이 간파한 사람이라면 오온을 어떻게 대하게 될까요? 부처님은 이 설법을 다음과 같이 마감합니다.

> 비구들이여! 이와 같이 잘 알아차린 훌륭한 제자는 색에 싫증을 내고 수에 싫증을 냅니다. 상·행·식에 대해서도 싫증을 냅니다. 오온을 싫어하여 탐욕에서 벗어납니다. 탐욕에서 벗어나기 때문에 해탈하게 됩니다.

자아의 정체를 깨닫기 전에는 오온을 변함없이 영원한 자아로 착각하고 있었습니다. 이제 오온은 자아가 아니라 고통을 당하는 무상한 심신에 불과한 것으로 판명되었습니다. 이런 오온은 더 이상 집착할 것이 못 됩니다. 오온은 경계와 기피의 대상이 됩니다. 오온에 집착하는 것은 오온을 여전히 '가장 소중한 자인 나'로 불리는 자아로 착각하고 있는 것입니다. 이는 여전히 '독재자인 나'로 불리는 자아에 사로잡혀 있는 것이고, 결국 아집에 빠져 있는 것입니다.

부처님이 《무아상경》의 설법에서 결론으로 강조한 것은 불교에서 가장 기본적이고 필수적인 마음가짐으로 중시되었습니다. 이것을 부처님은 "오온을 싫어하여 탐욕에서 벗어납니다."라는 말씀으로 천명했습니다. 불전의 용어로는 이 말씀을 염리厭離와 이욕離欲이라고 합니다. 염리는 싫어하여 멀리한다는 뜻이고, 이욕은 탐욕에서 벗어난다는 뜻입니다. 멀리한다거나 벗어난다는 것은 똑같은 뜻을 달리 표현한 것일 뿐입니다. 그 뜻은 항상 경계하여 잘못되어 있음을 알게 되면 버린다는 것입니다.

《무아상경》의 설법에서 염킈와 이욕의 대상은 오온입니다. 이는 설법의 주제가 오온이기 때문입니다. 그런데 인간은 오온으로 살아갑니다. 우리에게 오온이 사라진다는 것은 우리의 죽음을 의미합니다. 그러므로 부처님이 이런 오온을 무작정 버리라는 뜻으로 염리와 이욕을 강조한 것은 아니라고 알아들어야 합니다.

부처님이 오온을 주제로 설법한 이유

부처님이 오온을 주제로 설법한 목적은 그릇된 자아 관념을 바로잡아 주는 데 있습니다. 그러므로 염리와 이욕의 대상인 오온도 그릇된 자아 관념에 연루될 수 있는 오온입니다. 우선 염리는 오온을 싫어하여 멀리하는 것입니다. 이렇게 해야 하는 이유가 무엇일까요? 오온에 집착하게 되면 '독재자인 나'로 불리는 자아에 사로잡혀 아집에 빠지기 때문입니다. 따라서 오온을 염리한다는 것은 아집을 염리한다는 것입니다. 요컨대 아집을 버리는 것이 염리입니다.

아집은 모든 것을 자기중심으로 생각하고 자기를 고수하려는 집착입니다. 자기를 '가장 소중한 자인 나'로 여기기 때문에 발생하는 것이 아집입니다. 이 자기는 자아라고 할 수 있습니다. 아집은 그릇된 자아 관념의 산물입니다. 아집이 발동하여 온갖 탐욕을 일으킵니다. 그러므로 아집을 싫어하면 탐욕도 그만큼 줄어들 것입니다. 이를 뒤집어 말하면, 온갖 탐욕을 버리는 것으로 아집도 버릴 수 있습니다. 탐욕이 사라진다면 아집도 사라집니다. 탐욕을 버리는 것, 탐욕에서 벗어나는 것이 곧 이욕입니다. 이욕은 쉽게 말하면 욕심에 얽매이지 않는 것입니다.

수행자에게 필요한 온갖 마음가짐을 하나로 집약한 것이 이욕입니다. 부처님은 이 점을 "탐욕에서 벗어나기 때문에 해탈하게 됩니다."라는 말씀으로 표명했습니다. 우리가 일상생활에서 추구하는 행복이 허탈이라면, 행복은 결국 이욕으로 얻게 될 것입니다.

이욕의 마음가짐은 우리의 잡다한 열망과 욕심을 제압하는 효력을 발휘합니다. 그런 만큼 마음은 들뜨지 않게 되어 현실을 있는 그대로 직시하는 지혜가 발현될 것입니다. 그래서 부처님은 다른 경전에서 선정禪定의 네 단계는 이욕으로부터 출발한다고 가르쳤습니다. 선정과 같은 명상의 이론을 제시하는 요가 철학에서는 이욕을 아예 지혜와 동일한 것으로 간주합니다. 불교에서 이욕은 무아의 경지를 실현하는 기본 원리라고 말할 수 있습니다.

간파하기도 끊기도 어려운 집착

여러분이 자신에게는 집착이 없다고 생각하고 있을지라도 다시 한번 애써 찾아보기 바랍니다. 아마 틀림없이 뜻하지 않게 다가와 자신의 의식을 조종하고 있는 집착 하나쯤은 발견할 수 있을 것입니다.

무아의 경지에서는 생명에 대한 애착도 끊을 수 있을까?

우리가 통념으로 알고 있는 자아는 집착의 산물입니다. 그래서 이런 자아를 '세속 사람들이 집착하는 자아'라고도 말할 수 있습니다. 이 말은 세속 사람들이 실제로는 있지 않은 자아 또는 영혼을 '있다'고 집착한다는 뜻입니다. 우리는 이런 집착을 쉽게 버리지 못합니다. 그 이유는 집착의 발동과 목적이 나의 생존, 더 직설적으로 말하면 나의 생명에 대한 애착과 결부되어 있기 때문일 것입니다.

사실 생명에 대한 애착을 비난할 수는 없습니다. 요가의 경전에서도 인정하고 있듯이 이런 애착은 성자라도 버릴 수 없는 근본적인 번뇌입니다. 생명에 대한 애착이 번뇌인 것은 사실입니다. 다만 이 번뇌는 끊을 수가 없는지라 감수하기로 작정한 것이지요. 말이 나온 김에 번뇌의 본래 의미가 집착이라는 것도 밝혀 둡니다.

집착과 관련하여 좀 민감한 문제를 먼저 짚어 볼 생각입니다. 무아의 경지로는 생명에 대한 애착도 끊을 수 있을까요? 다시 말해서 무아의 경지에 있다면 모든 집착을 버릴 수 있을 것이므로 생명에 대한 애착도 끊을 수 있을까요? 당연히 그럴 수 있습니다. 물론 불교에서 이 같은 극단적인 경우를 권장한 사례는 없습니다. 단지 어떠한 집착도 버릴 수 있는 이욕의 경지로 언급된 사례가 있을 뿐입니다.

생명에 대한 애착을 끊는다는 것은 자살한다는 말입니다. 불교에서는 자살도 살생으로 간주합니다. 그러므로 자살은 불살생의 계율을 어긴 것이고 이에 따라 나쁜 과보를 받게 됩니다. 그런데 《미륵보살소문경론》이라는 불전에서는 스스로 목숨을 끊으면 나쁜 과보를 받지 않는다고 말합니다. 불살생의 계율을 어긴 것인데도 나쁜 과보를 받지 않는다는 것은 앞뒤가 전혀 들어맞지 않습니다.

자살을 허용하는 종교는 없습니다. 유일한 예외로는 불살생을 철저히 지키기로 유명한 인도의 자이나교를 들 수 있습니다. 불살생을 엄수한다면서 자살을 허용한다는 것도 앞뒤가 들어맞지 않는 듯합니다. 그래서 물론 아무에게나 자살을 허용하지는 않습니다. 자이나교에서 허용하는 자살이란 수행자가 단식을 하다가 죽게 된 경우를 가리킵니다. 자이나교에서는 단식으로 수행하다가 죽게 된 것을 가장 이상적인 죽음으로 간주합니다.

《미륵보살소문경론》에서 말하는 자살은 자이나교의 경우와 똑같지는 않지만, 어떠한 집착도 버릴 수 있는 정신을 고취한 점에서는 동일합니다. 이 불전에서 나쁜 과보를 받지 않는다고 말하는 자살은 아라한에게 적용됩니다. 불교에서 아라한은 탐욕과 혐오와 무지라는 근본 번뇌까지 끊은 성자입니다. 부처님과 같은 경지에 도달한 수행자를 아라한이라고 합니다. 더욱이 이 불전에서는 아라한이 실제로 자살한 경우를 말하는 것이 아니라, 아라한의 경지에서는 육신에 대해 전혀 집착이 없다는 것을 자살로 비유해서 말한 것입니다. 이에 관해《미륵보살소문경론》에서 설명하는 요지는 다음과 같은 것입니다.

> 세속의 모든 욕구를 완전히 끊은 아라한의 육신은 일반 사람들의 육신과 비교하자면 이미 죽어 있는 모습과 같

습니다. 이러한 아라한은 철저한 수행으로 스스로 자신의 몸을 해치고 자기의 목숨을 끊은 것과 같습니다. 아라한은 수행의 정점에 도달해 있으므로, 육신은 있으나 마나 한 것이 됩니다. 이와 같은 상태를 자살이라고 말한 것입니다. 혹시 세속의 관념에 따라 자살한 것이 된다고 할지라도, 수행하는 과정에서 고의성이 없이 발생한 자살이므로 살생에 해당되지 않습니다.

집착은 우리를 노예처럼 부린다

우리의 관심은 자살의 시비를 가리는 데 있지 않습니다. 그러나 여기서 예로 든 아라한의 자살은, 집착을 버리는 것과 무아는 필연적으로 연관된다는 사실을 일깨워 줍니다. 무아의 정신이 요구하는 것은, 자신의 생명에 대한 애착까지도 버릴 수 있을 만큼 철저하게 집착을 버리는 것입니다. 이렇게 하려면 집착하는 마음부터 먼저 간파해야 합니다.

그런데 우리는 자신이 집착하고 있다는 사실조차 모르고 지나치기 일쑤입니다. 분노는 거칠게 일어나지만, 집착은 전혀 알아차리지 못할 만큼 점잖게 우리의 마음을 장악하기 때문입니다. 그래서 우리가 자신의 집착을 알아챌 즈음이면 이미 그 집착의 노예가 되어 있습니다. 이 같은 집착의 장악력을 《행복한 삶, 행복한 죽음》에서는 다음과 같이 쉽게 설명해 줍니다.

> 집착은 시원하고 유연합니다. 그것은 종이에 기름이 번지는 것과 같습니다. 종이가 기름에 닿으면, 한쪽 모서리만 살짝 적실지라도 많은 양의 기름이 빠르게 스며듭니다. 그리고 이것을 씻어 내기란 극히 어렵습니다. 집착도 이와 마찬가지로 배어듭니다. 그것은 뜻하지 않게 다가와서 우리의 몸과 마음과 심지어 언어까지 모두 장악합니다. 집착은 우리 자신도 모르는 사이에 그렇게 우리를 장악해 버립니다.

여러분이 자신에게는 집착이 없다고 생각하고 있을지라도, 다시한번 애써 찾아보기 바랍니다. 아마 틀림없이 뜻하지 않게 다가와 자신의 의식을 조종하고 있는 집착을 하나쯤은 발견할 수 있을 것입니다. 물론 집착을 발견한다고 하더라도 당장 끊기는 어렵겠지요. 이미 집착의 노예가 되어 버린 상태인지라. 집착은 속인은 물론이고 수행하는 스님까지 노예처럼 부릴 수 있습니다.

티베트의 어떤 스님은 차에 타서 마시는 버터에 집착하여 평온하게 입적할^{죽을} 시기를 놓치고 지냈답니다. 심각한 병과 늙은 몸으로 고통당하는 지경에 이르러서도 다른 스님들의 부축을 받으면서 버터를 얻을 수 있는 집회에는 반드시 참석했습니다. 이 이야기를 들은 유명한 대사가 그 노스님을 만나 이렇게 알려 주었습니다.

"도솔천의 정토에는 우리 것보다 훨씬 더 좋은 버터가 있는데, 거기서는 누구에게나 그 버터를 나눠 준다고 합니다."

노스님은 이 말을 듣고 나서 이틀 후에 아주 평화롭게 입적했다고 합니다. 이 일화가 좀 아리송하기는 합니다. 이 일화는 집착 때문에 고통스런 목숨을 부지하고 있다가 집착을 버리게 되자 그 고통에서 벗어날 수 있었다는 사례일 것입니다. 그런데 또 한편으로 보면 그 노스님이 입적한 것은 집착을 버렸기 때문이 아니라, 더 강한 집착이 발동했기 때문이 아닐까요? 도솔천에서는 더 좋은 버터를 얻을 수 있다는 말을 믿고 나서야 입적한 것이니까요.

고통도 감수하게 만드는
자기만족에 대한 집착

자기만족에 상한선이 정해져 있는 것도 아닙니다. 어디까지 가야 자기만족이 되는지 알 수 없습니다. 그래도 우리는 집착을 계속 밀고 나아갑니다.

집착에서 벗어나기 어려운 까닭

설마 여러분은 앞서 소개한 노스님의 이야기를 듣고 나서, '집착이 있으면 그렇게 오래 살기도 하는구나' 하고 집착을 옹호하지는 않겠지요. 고통을 감내하기로 작정한다면야 혹은 아직 고통으로 생각지 않는다면야 그런 집착을 옹호할 수도 있을지 모릅니다. 정말로 옹호한다면 여러분도 집착에서 벗어나기는 어렵겠습니다.

만약 지금 말하고 있는 주제가 집착이 아니라면, 여러분은 그 노스님에 대해 '버터 마니아였구나' 하고 생각할 것입니다. 마니아mania는 본래 의학 용어로 일종의 정신 장애에 해당하는 병증입니다. 그러나 우리는 어떤 일에 유별나게 열광하는 사람을 마니아로 부르고 있습니다. 요즘 마니아로 불리는 사람들이 너무 흔합니다. 어쨌거나 이런 마니아도 뭔가에 집착하고 있는 것은 사실입니다. 다만 마니아로 불리는 사람 자신은 집착한 것이 아니라 탐닉한 것이라고 생각하겠지요.

탐닉은 즐거움을 주는 것에 계속 몰입하려는 욕구입니다. 그래서 탐닉은 즐거움을 느낄 때까지만 지속되다가 고통을 느끼게 되면 저절로 소멸할 수 있는 욕구입니다. 그러나 탐닉이 지나치면 집착이 됩니다. 사실상 탐닉과 집착의 경계는 모호합니다. 그렇다면 마니아도 이와 마찬가지겠지요.

명품 가방만 모으는 어떤 여성의 이야기를 들은 적이 있습니다. 최소 백만 원 이상이나 하는 가방들을 수십 개나 사서 모아 두었는데, 앞으로도 계속 더 모을 거라고 한답니다. 결혼할 생각보다는 항상 그런 가방을 사고 싶은 생각이 앞선다고 합니다. 과연 그 가방들을 얼마나 자주 들고 나가 볼 수 있을는지 모르겠습니다. 그러나 이보다는 그 가방들을 사 모으느라 얼마나 고생이 많았을까 하는 생각이 먼저 떠오릅니다. 이 정도라면 집착이라고 말할 수 있겠지요. 심신의 고통에도 아랑곳하지 않을 수 있는 것이 집착입니다.

고통도 감수할 수 있는 것이 집착입니다. 집착이라는 말

자체에서 짐작할 수 있듯이 집착에는 고집이 있습니다. 집착은 고집과 함께 발동합니다. 무엇을 위한 고집이겠습니까? 자기만족입니다. 그렇다고 해서 자기만족에 상한선이 정해져 있는 것도 아닙니다. 어디까지 가야 자기만족이 되는지 알 수 없습니다. 그래도 우리는 집착을 계속 밀고 나아갑니다. 그러자니 집착에 변명거리를 만들어 내기도 합니다. 그중에는 의지, 의욕, 집념, 자존심, 사랑 따위가 있습니다. 사실 이것들은 집착의 우격다짐을 변명하는 자기 합리화에 불과합니다. 이것들 중 사랑은 가장 속기 쉬운 변명이자 위장입니다. 자신의 집착이 사랑으로 위장되어 있을 때는 그 집착을 알아차릴 수 없습니다.

사랑이라는 이름으로 포장되는 집착

종교적인 사랑이 아닌 한, 사랑과 집착을 구분하기란 매우 어렵습니다. 사랑과 집착은 함께 오기 때문입니다. 아무리 부정하고 싶어도, 집착이 사랑으로 바뀌고 사랑이 집착으로 바뀌기 일쑤라는 사실을 부정할 수는 없습니다. 그럼에도 사람들은 사랑이라는 이름으로 드러내는 집착을 고상한 감정으로 높이 평가합니다. 그 집착이 강렬할수록 더욱 고상한 사랑으로 간주합니다. 그러다가 그 집착이 잘 드러나지 않으면 그 사랑도 별것 아닌 것으로 폄하해 버립니다.

흔히 '세기의 사랑'이라고 하는 사건을 '세기의 스캔들'로 일컫는 사람들도 있습니다. 겉으로 드러난 것으로 보면 역사상 유례가 없는 '세기의 사랑'인 것은 틀림없습니다. 1936년 12월 영국의 에드워드 8세는 즉위한 지 얼마 되지도 않아서 왕위를 포기했습니다. 사랑 때문이랍니다. 이혼한 경력이 있는데다 두 번째로 결혼한 상태로 있는 유부녀와 결혼하기 위해, 왕위를 버린 것입니다. 더군다나 그 유부녀는 평민인데다가 미국인이었으며, 누가 보더라도 그다지 미인은 아니었습니다.

얼마나 절실한 이유가 있었던 것일까요? 사랑이라는 이유밖에 없습니다. 하야 연설에서 밝힌 이유는 "사랑하는 여인의 도움과 지지 없이는 무거운 책임을 이행해 나가기가 나로서는 불가능하다고 깨달았으며"라는 것입니다. 납득하기 어려운 이유지요. 국왕으로서 무거운 책임을 이행하는 데는 유능한 각료가 더 필요하지 사랑하는 여인이 더 필요할 수 있을까요. 더군다나 훗날 제2차 세계 대전을 승리로 이끌게 될 윈스턴 처칠이 후원자로 있었다는데요.

우리가 에드워드 8세의 내심을 알 길은 없습니다. 그러나 다른 무엇보다도 강렬한 집착이 없었던들 그런 '세기의 사랑'이 가능했으리라고는 생각되지 않습니다. 그리고 이런 집착을 밀어붙이기까지에는 많은 번민과 심리적 고통을 감수했을 것으로 짐작할 수 있습니다.

　집착은 사랑이라는 이름으로 이런 일도 가능하게 합니다. 왕위까지 버리면서 성취한 고상한 사랑 말입니다. 이런 고상한 사랑이 선사한 행복은 어떠한 것인지 궁금합니다. 결혼한 이후 프랑스에서 여생을 마쳐야 했던 두 사람에게 행복이 넘쳐 나는 것으로는 보이지 않았다고 합니다. 그러나 행복의 감도는 각자 나름인지라 겉모습으로는 알 길이 없습니다. 사람들이 그 부부에게서 확실히 감지할 수 있었던 것은 고상한 사랑을 지키려는 자존심이었습니다.

무심은 집착을 버리기 위해 노력하는 마음

자신의 마음에서 집착으로 생각되는 것, 또는 집착과 비슷한 감정으로 생각되는 것이 있다면, 이런 것을 무조건 버리는 것이 무심입니다. 모든 것은 무상하다는 사실을 확고하게 받아들일 수 있다면, 그렇게 버린다는 것이 반드시 어려운 일만은 아닙니다.

자신의 집착을 알고 조종할 수만 있다면…

우리는 집착을 무조건 나쁜 것으로 폄하할 수만은 없습니다. 사실 모든 집착을 버리고 산다는 것이 가능하지도 않습니다. 중요한 것은 자신의 집착을 아는 일입니다. 이 집착이 어떻게 움직이고 있는지, 어떻게 변명하거나 위장하고 있는지, 그런 변명이나 위장이 나와 남에게 해를 끼치고 있는 것은 아닌지, 이런 사실들을 간파하는 일이 중요합니다. 그래야만 불행이 아닌 행복의 길로 나아가도록 집착을 조종할 수 있을 것입니다.

우리가 버리기 어려운 집착에 관한 유익한 비유가 있습니다. 외국의 불교 신자 중에 고급 승용차로 유명한 롤스로이스를 타고 다니는 사람이 있었습니다. 이 정도의 여유를 누리는 사람이라면 부자라고 할 수 있을 것입니다. 신앙심이 깊은 그는 어느 날 명성이 자자한 스님을 초대하여 대화를 나누다가, 좋아하는 것들에도 집착을 갖지 말라고 하는 법문을 듣게 되었습니다. 그는 스님의 말씀 끝에 이렇게 물었답니다.

"그러면 제가 지금 타고 다니는 롤스로이스도 버려야 합니까?"

이에 스님은 다음과 같이 답변했습니다.

"당신이 롤스로이스를 운전하는 데서 기쁨을 누리고 있는 한, 굳이 버릴 필요가 없습니다. 그러나 만약 롤스로이스가 당신을 운전하게 된다면, 당신은 큰 곤경에 빠지겠지요."

지금 스님이 무슨 말을 하고 있는지 쉽게 알아들을 수 있을 것입니다. 롤스로이스에 탐닉하는 것까지는 괜찮지만, 이 탐닉이 지나쳐서 집착의 노예가 되는 지경에는 이르지 말라고 조언하고 있는 것입니다. 훌륭한 답변입니다. 그렇지만 역시 자신의 집착을 스스로 알고 있어야 한다는 것은 여전히 숙제로 남아 있습니다. 집착을 항상 경계하고 있지 않으면, 내가 집착을 운전하는지 집착이 나를 운전하는지 알아차릴 수가 없습니다.

집착은 마치 영화에서 자동 변신하는 로봇처럼 자동으로 겉모양을 바꿀 수 있습니다. 그래서 우리는 자신의 집착을 간파하기 어렵습니다. 그렇다면 다음과 같은 근본적인 의문을 생각해 보는 데서 간단한 해결책을 찾을 수 있을지 모릅니다.

집착은 오온이 합동으로 발생시키는 자발적 기능

집착은 어디에서 나오는 것일까요?
누가 집착을 만들어 내는 것일까요?
집착의 주인은 누구일까요?
집착의 주인, 즉 집착을 조정하는 자는 따로 없습니다. 이 말은 집착의 주인을 흔히 생각하는 자아처럼 특정한 하나로 지목할 수 없다는 뜻입니다. 집착은 오온의 합동으로 발생하는 자발적인 기능입니다. 앞에서 소개했듯이, 데카르트는 자아의 본질을 '자율성을 지닌 생각'이라고 파악했습니다. 이 '자율성을 지닌 생각'이란 불교로 말하면 오온의 합동으로 발생하는 자발적인 기능에 해당합니다. 이런 기능 중의 하나가 집착입니다.

자동으로 변신하는 로봇이든 인공 지능을 갖춘 로봇이든

동력이 없으면 작동할 수 없습니다. 집착이 발동하는 데도 동력이 필요합니다. 로봇을 작동시키는 동력은 전기이지만, 집착을 발동시키는 동력은 욕구입니다. 오온이 합동하여 욕구를 일으키면, 이 욕구는 특별히 제어하지 않는 한, 집착으로 발동합니다. 그러므로 집착을 예방하기 위해서는 자신의 욕구부터 잘 살펴보아야 하겠습니다.

이제 집착의 해결책을 욕구에서 찾아야 하겠습니다. 이에 따라 앞에서 제기했던 의문도 다음과 같이 바꾸어 볼 수 있습니다.

집착의 동력인 욕구를 제어하자

욕구는 어디에서 나오는 것일까요?
누가 욕구를 만들어 내는 것일까요?
욕구의 주인은 누구일까요?

욕구라는 말이 잘 와 닿지 않을 수도 있겠습니다. 그럼 욕심이라는 말로 바꾸지요. 사실 우리에게 익숙한 욕심이라는 말로 그 의문은 쉽게 풀립니다. 욕심이 무엇입니까? 충분히 얻기를 바라는 마음이지요. 이는 욕구가 마음에서 나오고, 마음이 욕구를 만들어 내고, 욕구의 주인이 마음이라는 뜻입니다. 집착에 대해서도 이와 같이 생각할 수 있습니다. 그래서 욕구와 집착의 주인을 굳이 하나로 지목하자면 마음밖에 없습니다.

불교에서 말하는 수행을 마음을 닦는 것입니다. 이는 물론 수행을 가장 간단하게 정의한 것입니다. 그래도 우리는 이 말의 뜻을 알아듣습니다. 그 뜻은 번뇌를 끊는 것이지요. 혹은 욕심을 버린다는 뜻으로도 알아들을 것입니다. 욕심은 번뇌 중 첫째로 꼽히는 가장 지독한 번뇌이므로, 여기서는 욕심이라는 말로 충분할 것입니다.

마음을 닦는다는 것을 더 구체적으로 말하면, 집착의 동력인 욕구를 제어하는 것입니다. 이 같은 수행으로 마음에 집착이 없게 되면, 이런 마음을 무심이라고 부릅니다. 그러므로 집착의 반대가 무심이라고 생각해도 좋을 것입니다. 달리 말하자면 이욕을 실행에 옮긴 상태가 무심입니다.

그렇다면 무심과 무아는 다른 것일까요? 다르다면 어떻게 다를까요?

무심과 무아를 구별하려 애쓸 필요는 없습니다. 그 둘은 서로 통할 수밖에 없습니다. 무아를 깨달으면, 저절로 무심을 지향하게 될 것입니다. 혹은 깨달았다고 말할 수는 없을지라도 무아의 취지를 이해한다면, 무심의 필요성을 인정하게 될 것입니다. 한편 무심으로 살아가려는 노력은 그 자체가 무아를 깨달아 가는 과정이고, 무아를 실천하는 것입니다.

무아든 무심이든 여기에는 공통의 각성이 있습니다. 이 세상에서 집착해야 할 것은 아무것도 없다는 각성이 그것입니다. 이 각성의 결과로 온갖 집착을 버리는 것이 무심이고, 더 나아가 뿌리 깊은 집착까지 버리면 무아의 경지에 도달했다고 말할 수 있습니다.

집착 중에서 가장 강력한 집착은 나에 대한 집착입니다. 이것은 한마디로 말하면 아집이고, 더 구체적으로 말하면 '가장 소중한 자인 나'로 불리는 자아에 대한 집착입니다. 가장 강력한 집착인 아집의 반대가 무아입니다. 아집을 버리는 것으로 우리의 마음을 비우면, 이 상태가 무아의 경지입니다. 이 상태를 무심으로 부를 수도 있을 것입니다. 다만, 이 상태에 진입하기까지는 잡다한 집착을 버리는 많은 노력이 필요합니다. 그러므로 이렇게 노력하는 마음을 일컫는 말이 무심이라고 이해할 수 있습니다.

무심은 욕구를 제어하는 것으로부터 시작하여 집착을 버린 마음입니다. 이제 욕구니 집착이니 하는 말에 얽매일 필요가 없습니다. 자신의 마음을 일일이 살펴본다는 것도 말처럼 그리 쉬운 일이 아닙니다. 그러니 약간 애매한 점이 있더라도 간단하게 생각하는 것이 좋겠습니다. 자신의 마음에서 집착으로 생각되는 것, 또는 집착과 비슷한 감정으로 생각되는 것이 있다면, 이런 것을 무조건 버리는 것이 무심입니다. 모든 것은 무상하다는 사실을 확고하게 받아들일 수 있다면, 그렇게 버린다는 것이 반드시 어려운 일만은 아닙니다.

죽음도 극복할 수 있는 무심

죽음을 대표적인 고통의 하나로 간주하는 것은 죽음에 대한 두려움이 고통이고, 죽음을 맞이하는 과정이 고통이기 때문입니다. 우리가 무심의 마음가짐으로 죽음을 대할 수 있다면, 무심이야말로 죽음을 극복하는 최선책인 것은 분명합니다.

마음의 번뇌가 업이 되어 윤회를 일으킨다

앞에서는 가장 지독한 번뇌인 욕심에 초점을 두어 무심을 설명했습니다. 이번에는 시야를 크게 넓혀 번뇌에 초점을 두고 무심을 설명할 참입니다. 그러나 여기서는 번뇌의 종류나 내용에 관한 전문적인 식견까지 필요하지는 않습니다. 번뇌의 기본 의미만으로 충분합니다. 불전의 원어인 산스크리트어로 번뇌라는 단어는 집착한다는 뜻에서 유래한 말입니다. 이로부터 마음을 더럽히거나 산란하게 하거나 속박하는 것은 모두 번뇌로 불립니다. 간단하게 말해서 마음을 어지럽히고 괴롭히는 모든 삿된 생각이 번뇌입니다.

앞에서 설명했듯이 불교에서 윤회의 주체로 인정하는 자아는 오온이고, 이 오온은 업 덩어리입니다. 이 경우에 업의 요체는 번뇌입니다. 불전에서는 업의 뿌리가 되는 것이 번뇌라고 설명하기 때문입니다. 또한 업과 번뇌가 윤회의 원인이라고 설명하기도 합니다. 또 어떤 경전에서 부처님은 번뇌가 밝은 마음을 더럽힌다고 가르칩니다. 이처럼 업과 번뇌와 마음은 서로 뗄 수 없는 관계로 묶여 있습니다. 이 관계를 참작하여, 마음에 있는 번뇌가 업이 되어 윤회를 일으킨다고 이해할 수 있습니다.

어쨌든 번뇌는 마음에 있습니다. 그리고 마음에 번뇌가 없다면, 이런 마음을 일컬어 무심이라고 말할 수 있을 것입니다. 그렇다고 해서 고민이 없어졌다거나 잡념이 사라졌다는 일상의 심리적 안정감까지 일괄하여 무심으로 간주할 수 있는 것은 아닙니다. 불교에서 말하는 무심은 선정과 같은 수준으로 번뇌를 제압하여 마음을 비우는 것입니다.

근심이 없는 것, 태만한 것

요즘 사람들은 남녀노소를 불문하고 너나 할 것 없이 비만을 크게 걱정하고 있습니다. 그래서 살을 빼거나 비만을 억제하는 온갖 처방과 비결이 난무합니다. 옛적에도 비만으로 고생하는 사람들이 있었을 것입니다. 물론 지금과는 달리 주로 왕족이나 부자들이었겠지요. 《법구비유경》에는 비만으로 고생하는 왕이 부처님을 찾아가 대책을 구하는 이야기가 있습니다.

부처님 당시에 꽤 유명한 왕이 있었습니다. 이 왕의 이름은 파세나디인데 한자로는 파사닉이라고 합니다. 왕은 비만으로 숨이 자주 막히고 몸을 가눌 수도 없는 지경이 되었습니다. 비만은 왕에게 큰 근심거리가 되었습니다. 그래서 그는 시종의 부축을 받은 채로 부처님께 자꾸 살만 찌게 되는 이유를 여쭈었습니다. 이에 부처님은 다음과 같이 다섯 가지 이유를 열거했습니다.

> 첫째는 자주 먹는 것이고, 둘째는 잠자기를 좋아하는 것이며, 셋째는 제멋대로 즐기는 것이고, 넷째는 근심이 없는 것이며, 다섯째는 할 일이 없는 것입니다.

여기서 열거하는 다섯 가지를 반대로 적용하면 비만을 걱정할 일은 전혀 없을 것입니다. 이것들 중 넷째 이유는 오해의 소지가 있습니다. 근심이 없다는 것을 번뇌가 없다는 뜻으로 이해하면, 이것은 무심을 말하는 것처럼 들리기 때문입니다.

근심을 갖게 되면 식욕도 잃게 될 것이므로, 그만큼 살도 빠지게 될 것입니다. 근심에 빠져 있는데도 살이 계속 찐다면, 이런 근심을 어떻게 이해해야 할까요? 그 왕의 경우가 그렇습니다. 왕에게는 비만이 큰 근심거리가 되었는데도 살이 빠지지 않아 부처님을 찾아갔으니 말입니다. 그렇다면 비만의 이유 중 '근심이 없는 것'은 번뇌가 없다는 뜻이 아닐 것입니다. 그 말은 닥친 문제를 해결하려는 정신적 노력이 없다는 뜻일 것입니다. 다시 말하면 '근심이 없는 것'은 태만을 부리는 것을 가리킵니다.

《법구비유경》에서 부처님은 방일하지 말고 선정을 닦는 데 전념하라는 당부를 다시 새겨듣게 하려고 비만을 예로 든 것입니다. 《법구경》에 나오는 금언의 취지를 이야기로 알아듣기 쉽게 되새겨 주는 것이 《법구비유경》입니다. 왕의 비만 이야기로 새겨 듣게 하려는 《법구경》의 금언은 다음과 같은 것입니다.

낮이나 밤이나 선정에 들어
한마음 살피기를 즐겨하라.

> 앉거나 눕거나 서 있을 때에도
> 한결같이 수행하여 방일하지 말라.

이 금언으로도 알 수 있듯이, 불교에서 수행으로 달성하고자 하는 기본 목표는 선정입니다. 선정이라고 해서 그 경지가 한결같은 것은 아닙니다. 선정의 경지에는 여러 단계가 있습니다. 그러나 말로 설명하여 구별할 수 있는 단계가 아니기 때문에 여기서는 그것까지 알아야 할 필요는 없습니다.

선정의 단계에 어떤 차이가 있든, 선정은 번뇌가 사라진 경지입니다. 단계의 차이는 어느 수준의 번뇌까지 사라졌느냐 하는 차이입니다. 그래서 선정을 닦는다고 말하는 것입니다. 이 말은 하나의 번뇌가 사라지고 나면 다른 번뇌가 솟아날 수 있기 때문에, 번뇌를 계속 없애 나간다는 뜻입니다. 이것이 불교에서 말하는 수행입니다. 그리고 이런 수행 끝에 번뇌가 최대로 사라진 경지를 흔히 선정이라고 합니다. 또는 이것을 무심이라고도 합니다.

《구사론》에서는 선정과 무심을 동일한 경지로 간주하여 "선정이나 무심의 상태에 있는 사람에게는 출생과 죽음이 없다."라고 설명합니다. 무심에는 번뇌가 없기 때문에 그렇게 말할 수 있습니다. 번뇌가 업으로 작용한 결과로, 인간은 생명을 받아 신체를 갖고 태어나게 됩니다. 그런데 번뇌가 없는 무심에서는 생명을 받지 않으므로 죽음도 있을 수가 없습니다.

하지만 번뇌 때문에 이미 생명을 갖고 태어났다가 번뇌가 없어지면 죽지도 않는 것일까요? 그럴 리는 없겠지요. 육체는 무상한 것이므로 육체적인 죽음을 피할 수는 없습니다. 다만 이 죽음은 가장 이상적인 죽음으로 간주됩니다. 불교에서 생각하는 가장 이상적인 죽음은 다음과 같은 것입니다.

번뇌가 없는 무심의 상태가 되면 다시 출생할 원인도 없게 됩니다. 출생이 없으면 죽음도 없습니다. 그러니 더 이상의 윤회도 없게 됩니다. 윤회가 없다는 것은 다른 종교로 말하면 영생에 해당합니다. 그러므로 무심의 경지에서 죽음은 있으나마나 한 것입니다. 우리는 《구사론》의 설명을 무심의 경지에서는 삶과 죽음에 얽매이지 않는다는 뜻으로 이해할 수 있습니다. 이 같은 무심의 경지에서 육체적인 죽음을 맞이하는 것이 가장 이상적인 죽음입니다.

죽고 난 다음에, 죽음은 고통이라고 우리에게 알려 준 사람은 아무도 없습니다. 그럼에도 죽음을 대표적인 고통의 하나로 간주하는 것은 죽음에 대한 두려움이 고통이고, 죽음을 맞이하는 과정이 고통이기 때문입니다. 우리가 무심의 마음가짐으로 죽음을 대할 수 있다면, 무심이야말로 죽음을 극복하는 최선책인 것은 분명합니다.

무심이 우리 생활에 미치는 영향

무심이라면 무엇을 특별히 바라는 것이 없어야 마땅합니다. 그러나 얻고자 애쓰지 않는 데서 저절로 얻게 된 것은 무심의 공덕입니다. 이런 공덕의 으뜸은 집착과 욕심을 버림으로써 나와 남을 편안하게 하는 것입니다.

정신 집중 상태가 무심

번뇌가 없는 마음이 무심이라고는 하지만, 이런 무심을 어떻게 실현할 수 있을지 엄두가 나지 않습니다. 헤아리자면 끝도 없는 것이 번뇌이기 때문입니다. 더욱이 생각이 많을수록 번뇌가 되고, 경우에 따라서는 뭔가를 생각하고 있는 자체가 그대로 번뇌일 수도 있습니다. 바로 이 때문에 무심이 필요하다는 것을 실감할 수는 있을 것입니다. 그렇다고 해서 무심을 생각하지 않는 것, 아무런 생각이 없는 것으로 오해해서는 안 됩니다.

우리가 아무런 생각 없이 살아갈 수는 없습니다. 우리 자신을 차에 비유하자면, 살아가는 것은 자신을 운전하는 것과 같습니다. 차를 운전할 때는 교통이 혼잡할수록 정신을 집중해야 합니다. 정신을 집중하면, 혼잡한 도로도 편안하게 운전할 수 있습니다. 이와 마찬가지로 번뇌가 많을수록 정신을 집중해야 합니다. 정신 집중이 몸에 배면 번뇌가 밀려와도 쉽게 헤쳐 나갈 수 있습니다. 이처럼 정신 집중이 몸에 배인 상태가 무심입니다.

무심은 단지 생각을 버리는 것으로 실현되는 것이 아니라, 정신 집중과 같은 각별한 노력으로 실현될 수 있습니다. 우리의 일상생활에서는 우선 집착을 버리는 것으로 시작하여 욕심을 부리지 않는 것이 각별한 노력입니다. 우리는 집착과 욕심을 버림으로써 더욱 견실한 행복을 얻을 수 있습니다.

남들 앞에서 마음을 비웠다고 하는 말은 대체로 믿을 수 없습니다. 마음을 비웠다고 말하면서도, 바라는 것을 얻게 되기를 은근히 기대하는 사람들이 적지 않습니다. 이들은 마음을 비운 것이 아니라 집착이나 욕심을 마음의 한 구석으로 잠시 치워 두었을 뿐입니다. 이런 경우는 당연히 무심이 아니지요. 무심은 스스로 각오하여 행동으로 드러나는 것이지 말로 드러낼 수 있는 것은 아닙니다.

자신의 이익을 앞세우지 않으면 주위가 편안해진다

 무심이라는 말 자체는 우리에게 여전히 걸림돌이 됩니다. 그래서 "무심으로 할 수 있는 일이 무엇이지?" 하는 의문이 일어납니다. 또한 "무심이 실제 생활에 무슨 도움이 되겠어?" 하는 의구심도 감출 수 없습니다.

 답변은 간단합니다. 집착과 욕심이 없으니 오히려 자유롭게 행동할 수 있고 안정된 상태로 전념할 수 있습니다. 이전과는 확실하게 달라진 것이 있습니다. 행동과 결과에서 나를 앞세우지는 않는다는 것입니다. 자신의 이익을 앞세우지 않으므로, 주변 사람들은 그만큼 편안하게 될 것입니다. 그래서 부처님은 《잡아함경》에서 마음에 번뇌가 있으면 중생도 번뇌에 싸이고, 마음이 깨끗해지면 중생도 깨끗해진다고 설파했습니다. 무심의 자세를 적극적으로 드러내면 이는 하심下心이 됩니다. 하심은 나중에 설명할 것입니다.

 중국 선종의 스님들 중에서 혜충慧忠 스님은 아주 유명한 선사입니다. 같은 이름의 다른 스님도 있으므로 광택사光宅寺 혜충으로 불립니다. 어떤 사람이 혜충 스님에게 "산속에서 호랑이를 만난다면 마음을 어떻게 써야 할까요?"라고 물었습니다. 이에 스님은 다음과 같이 대답했습니다.

"보고도 보지 않은 것처럼, 다가와도 오지 않은 것처럼 하시오. 그 사람이 무심으로 대한다면 사나운 짐승일지라도 해를 끼칠 수 없나니."

스님의 말대로 정말 그렇게 되는지 의심스럽기는 합니다. 그러나 산짐승이 많았던 예전에는 그런 사례가 적지 않게 있기는 했을 것입니다. 동물 연구가 잘 되어 있는 현대의 지식으로 보면, 스님의 말은 대체로 믿을 만합니다. 사람이 나무나 돌처럼 서 있다면, 사나운 짐승도 이런 사람을 건드리지는 않는다고 합니다. 부처님의 법문에서도 죽음을 나무나 돌과 같은 무심으로 설명하니까요. 물론 이 경우의 무심은 정신적 기능이 모두 정지된 상태를 가리켰지, 번뇌가 없는 마음을 가리킨 것은 아닙니다.

산속에서 호랑이의 공격을 피할 수 있는 무심은 생명에 대한 집착마저 버린 마음입니다. 이것은 극단적인 예를 들어 무심의 자세를 설명한 것이지만, 우리의 일상생활에서도 이와 비슷한 사례는 어렵지 않게 찾을 수 있을 것입니다. 그러나 이 같은 사례를 제외한다면, 무심의 실질적 효과에 대한 의구심은 여전히 풀리지 않을 수 있습니다.

무심이 보장해 주는 효과

"무심의 자세로 살아가기 위해 노력하다 보면, 기억마저도 사라져 버리지 않을까요?" 이렇게 걱정하는 것은 아마 좋은 기억을 많이 갖고 있기 때문일지 모르겠습니다. 그런 걱정에 먼저 대답하자면, 기억이 저절로 사라지는 것이 아니라, 번뇌에 해당하는 기억을 씻어 내는 것이 무심입니다. 이 대답을 기억력이 감퇴한다는 뜻으로 받아들이는 것은 큰 오해입니다. 오히려 그 반대입니다.

인간의 뇌를 연구하는 현대 과학에 의하면, 망각이라고 해도 기억이 완전히 사라지는 것은 아니라고 합니다. 기억이 저장되는 위치와 복원되는 시간에 차이가 있을 뿐이라고 합니다. 뇌의 대뇌피질에 저장된 기억은 아주 오랫동안 유지되는 장기 기억이 됩니다. 그런데 무심의 상태로 나아가는 정신 집중은 망각 상태로 있는 기억까지 끌어내어 정화할 수 있습니다. 이렇게 함으로써 번뇌를 없애는 것입니다. 정신 집중이 기억력을 강화하는 것은 이 때문입니다.

우리는 이러한 정신 집중을 자신에게 유익한 방향으로 충분히 활용할 수 있습니다. 유익한 방향은 자신의 능력을 향상시켜 행복을 도모하는 방향입니다. 지금 당장은 망각이 문제라면 정신 집중으로 큰 도움을 얻을 수 있습니다. 그러나 정신 집중에 의해 끌려 나온 기억은 다시 번뇌가 되어 잠복할 수 있다는 사실에 유의해야 합니다. 기억을 재생하여 좋지 않은 일에 활용한다면, 이런 기억은 나쁜 기억으로 남게 됩니다. 말하자면 나쁜 추억이 되는 것이지요. 나쁜 추억은 마음 속에 잠복하여 자신을 괴롭히는 번뇌입니다.

무심이라면 무엇을 특별히 바라는 것이 없어야 마땅합니다. 그러나 얻고자 애쓰지 않는 데서 저절로 얻게 된 것은 무심의 공덕입니다. 이런 공덕의 으뜸은 집착과 욕심을 버림으로써 나와 남을 편안하게 하는 것입니다. 다른 하나는 정신 집중으로 해로운 기억을 퇴출시키고 이로운 기억을 활용할 수 있는 것입니다. 이런 것은 무심이 보장해 주는 확실한 효과입니다.

무심을 방해하는 기억

과거의 경험들은 망각의 층으로 불릴 만한 상태로 우리의 잠재의식에 쌓이게 됩니다. 바깥 층에 있는 것일수록 먼저 기억으로 복원되고, 안쪽에 있는 것들은 망각으로 불리는 기억들입니다. 이렇게 쌓여 있는 것들은 번뇌의 씨앗과 같습니다.

오염된 기억, 망각을 탓하다

 기억은 과거에 경험한 것을 도로 생각해 내는 것입니다. 그러므로 기억의 내용은 과거의 경험입니다. 여기서 과거는 바로 이전 순간까지 포함합니다. 이 똑같은 과거의 경험을 도로 생각해내지 못하면 망각忘却으로 불리기도 합니다. 똑같은 과거의 경험을 제대로 떠올리면 기억이고, 제대로 떠올리지 못하면 망각입니다. 이처럼 기억과 망각의 내용은 똑같은 과거의 경험입니다.

 우리는 시험에 낙방을 하거나 옳고 그름을 따지는 것으로 다툴 때 기억을 원망하기 일쑤입니다. 그런데 사실은 기억을 원망하는 것이 아니라 망각을 원망한 것입니다. 그러므로 우리가 기억을 문제로 삼는 것은 망각을 문제로 삼고 있는 것입니다. 기억을 탓하는 것은 과거의 경험을 제대로 떠올리지 못하는 망각을 탓하고 있는 것입니다.

불교에서는 이런 망각을 실념失念으로 부르고 번뇌로 간주합니다. 실념은 경험하여 알았던 것을 잘 기억하지 못하는 것입니다. 더 간단히 정의하자면 실념은 '오염된 기억'입니다. 현대 심리학에서는 망각을 '기억의 오류'로 간주합니다. 기억의 오류는 불교에서 말하는 오염된 기억이고, 이 둘은 모두 망각을 가리킵니다. 이런 망각은 두말할 나위가 없이 번뇌에 속합니다. 그러므로 이제부터는 기억을 좋지 않게 말할 때는 주로 망각, 즉 제대로 떠오르지 않는 기억을 가리킨다고 알아듣는 것이 좋겠습니다.

망각에 대한 현대 과학자들의 잘못된 관점

우리가 평소 바라는 것은 많은 것을 기억할 수 있는 능력입니다. 그래서 '그간 보았거나 들은 것들을 모두 기억해 낼 수 있다면 얼마나 좋을까?' 하고 생각하겠지요. 과연 모든 것을 기억해 내는 것이 좋을까요? 인간의 뇌를 연구하는 현대 과학자들은 그렇게 생각하지 않습니다. 그들은 인간의 능력 향상에 결정적인 역할을 하는 것은 '잊어버림', 즉 망각이라고 주장합니다. 망각 덕분에 인생의 우선순위를 정할 수 있기 때문입니다. 모든 기억이 일시에 떠오른다면 무슨 일부터 시작할 수 있겠습니까.

다행히 우리가 경험한 것들 중의 대부분은 잊혀집니다. 그것들은 기억의 강도에 따라 또는 우리의 관심에 따라 떠오를 순서를 기다리고 있다가, 그 일부는 망각의 늪으로 빠져듭니다. 그래서 망각은 인류가 지구를 정복하는 데 일등공신이 되었다고까지 말하는 학자도 있습니다. 정말 딱 들어맞는 말인 듯합니다. 그렇다면 이제 망각은 전혀 걱정할 필요가 없겠습니다. 이와 아울러 기억도 걱정거리가 되지 않겠네요.

그러나 망각의 장점을 조명하는 학자들은 망각과 기억의 역기능을 고려하지는 않는 듯합니다. 그들의 과학적 접근에는 망각이나 기억이 지구를 정복하는 것과 같은 능력만 발휘한다면, 번뇌가 되든 말든 상관없다는 사고방식이 깔려 있는 듯합니다. 이는 불교의 관점과는 전혀 다릅니다. 이제 불교의 관점에 따라 무심이 왜 필요한지, 망각 또는 기억이 무심에 왜 장애가 되는지 짚어 볼 것입니다.

기억의 일곱 가지 죄악

우리에게 당장은 기억을 되살리는 일이 긴요할지라도, 기억은 번뇌로 발동하게 마련이라는 사실을 우선 명심하기 바랍니다. 우리의 마음 한 구석에 잠복해 있다가 우리를 괴롭히는 것이 망각이자 기억입니다. 오죽하면 기억을 죄악이라고까지 말했겠습니까. 미국 하버드 대학의 심리학과 교수인 다니엘 샥터Daniel Schacter가 저술한 책의 제목이 《기억의 일곱 가지 죄악》입니다. 여기서는 기억의 오류를 일곱 가지로 설명합니다. 이것들은 우리가 기억 때문에 한번쯤은 겪은 적이 있는 고충이나 고통입니다. 가히 죄악이라고 할 만한 것들이지요.

첫째는 기억의 가물거림입니다. 이것을 소멸로 번역한 경우도 있지만, 이에 해당하는 원어는 무상을 뜻합니다. 이것은 기억했던 것들이 시간이 지남에 따라 점차적으로 감소해가는 것입니다. 이것을 설단 현상으로 설명하는 학자도 있습니다. 어떤 사실을 알고는 있지만 혀끝에서만 맴돌 뿐 말로 나오지 않는 것이 설단 현상입니다.

둘째는 방심입니다. 흔히 하는 말로 '정신없음'입니다. 열쇠나 안경처럼 항상 곁에 있는 것을 어디에 두었는지 기억하지 못하거나 약속을 쉽게 잊어버리는 것입니다.

셋째는 차폐입니다. 이 말은 기억이 갑자기 막혀 버린다는 뜻입니다. 잘 알고 있었던 사실인데도 막상 기억하려고 하면 떠오르지 않는 것입니다.

넷째는 오귀인誤歸因입니다. 말은 어렵지만 우리가 자주 경험하는 기억상의 오류입니다. 간단히 말해서 기억의 출처를 혼동하는 것입니다. 예를 들어, A라는 책에서 본 것을 B라는 책에서 본 것으로 기억하는 것입니다.

다섯째는 피암시성입니다. 실제로 있었던 일이 아닌데도 그랬을 것이라는 모종의 암시가 있으면, 그것을 사실이라고 생각하는 것입니다. 어떤 사건이 발생했을 때 목격자 증언을 반드시 믿을 수는 없는 것도 이 때문입니다.

여섯째는 편향입니다. 현재의 기분이나 생각으로 과거의 기억을 왜곡하는 것입니다. 과거에 있었던 사실을 지금 갖고 있는 기분이나 생각에 맞추어 해석해 버리는 것입니다.

일곱째는 지속성입니다. 떠오르길 바라지 않는데도 지속적으로 떠올라 자신을 괴롭히는 기억입니다. 흔히 말하는 트라우마, 즉 특별한 기억 때문에 생긴 마음의 상처가 이런 것입니다.

이상의 일곱 가지는 망각과 기억이 서로 오락가락할 때 경험하게 되는 현상들입니다. 망각도 잠복 상태의 기억이므로, 이것들을 기억이 번뇌로 발동하는 양상이라고도 말할 수 있습니다. 이것들은 우리 자신의 마음속에서 평소에 수시로 발생하는 양상입니다. 무심은 이 같은 번뇌의 양상들이 사라진 상태입니다. 그러나 저절로 사라지는 것은 아닙니다. 무심의 상태로 나아가는 과정에서 이러한 기억의 오류들이 교정됩니다. 교정을 거치고 나면 답답함이 풀립니다. 번뇌가 되지 않는다는 말입니다. 이는 순전히 정신 집중의 효력입니다. 정신 집중의 효력을 다음과 같이 설명할 수 있습니다.

과거의 경험들은 망각의 층으로 불릴 만한 상태로 우리의 잠재의식에 쌓이게 됩니다. 바깥층에 있는 것일수록 먼저 기억으로 복원되고, 안쪽에 있는 것들은 망각으로 불리는 기억들입니다. 이렇게 쌓여 있는 것들은 번뇌의 씨앗과 같습니다. 이런 씨앗을 끌어내어 기억으로 복원함으로써 번뇌의 기능을 없애 버리는 것이 정신 집중입니다.

정신 집중은 층층이 쌓여 있는 망각들을 한 꺼풀씩 벗겨 냅니다. 벗겨진 망각은 기억으로 바뀌어 제대로 떠오르게 됩니다. 이때 떠오르는 기억을 그대로 두면 번뇌가 됩니다. 그래서 선정을 닦는 스님들은 이때 떠오르는 기억을 마魔라고 부릅니다. 그러므로 이런 기억을 곧장 버려야만 정신 집중을 심화할 수 있습니다. 다만 우리에게 당장 필요한 것이 이런 기억이었다면, 우리는 이 단계에서 그 기억을 활용하게 될 것입니다. 그러나 무심을 추구한다면 이것을 버리고 계속 나아가야 합니다. 정신 집중은 심호될수록 더 아래쪽의 꺼풀까지 벗겨 낼 수 있습니다. 이렇게 하여 마음은 정화되고 무심이 됩니다.

4 무심과 하심

"마음을 낮추어 나를 앞세우지 않습니다."라고 말한 것이 하심입니다. 나를 앞세우지 않는 것은 무아의 정신이자 무심이라고 말할 수 있습니다. 마음을 낮추는 저심, 즉 하심은 무심과 하나로 통하는 마음입니다. 반대로 나를 앞세우는 것은 교만입니다. 교만한 생각을 버리지 않는 한, 하심이 발현될 수는 없습니다. 그래서 불전에서도 교만과 하심을 상반하는 마음으로 간주합니다.

남을 이롭게 하는 무심

무심으로 번뇌를 다스리는 것은 수행의 첫째이고, 여기에 뒤따라야 할 둘째 수행이 있습니다. 이것은 몸에 배도록 선행(善行)을 실천하는 것입니다. 첫째 수행이 기본이고, 이것을 돕는 것이 둘째 수행입니다. 진심은 이 둘을 병행하는 것으로 실현될 수 있습니다. 그렇다면 무심은 남을 이롭게 하는 선행을 동반하는 것으로 진심이 된다고 말할 수 있습니다.

진심이 곧 무심, 무심이 곧 진심

사랑하는 사람을 무심으로 대한다면 어찌 될까요? 사랑한다는 말도 믿지 못하는 터에 무심으로 대하다니요. 무슨 생뚱맞은 질문이냐는 생각이 들 것입니다. 우리는 적어도 '진심으로'라는 말이 따라붙지 않으면 사랑한다는 말을 믿으려 하지 않습니다. 하지만 사랑한다는 말을 믿지 못해서 진심을 요구한 것이라면, 믿지 못하기로는 진심도 사랑과 마찬가지입니다. 그 진심을 어떻게 증명할 것입니까? 진심이라고 호들갑을 떨기보다는 무심한 것으로 보이는 사랑이 오히려 진심일 수 있습니다. 말하다 보니 무심이 진심이 되어 버렸습니다.

우리나라 불교에서는 진심眞心이라고 말하면 제일 먼저 떠올리는 불전이 《진심직설》입니다. 이 불전은 보조국사 지눌知訥 스님의 저서로 알려져 있습니다. 여기서는 진심을 실현할 수준에 이르렀는지 아닌지를 사랑으로 시험할 수 있다고 합니다.

진심을 시험할 때는 먼저 평소에 미워했거나 사랑했던 사람이 눈앞에 있다고 생각합니다. 그래서 여전히 사랑하거나 미워하는 마음이 일어나면, 아직 진심을 실현할 수준에 이르지 못한 것입니다. 그러나 미워하거나 사랑하는 마음이 생기지 않으면, 이제는 진심을 실현할 수 있는 준비가 되어 있습니다.

물론 여기서 말하는 진심은 깨달음의 경지에 도달한 심오한 마음입니다. 그런데 《진심직설》에서는 이 진심을 실현하는 것이 무심이라고 설명하여, 진심과 무심을 동일한 마음으로 간주합니다. 이는 중국 선종의 개조인 달마 대사의 가르침이기도 합니다. 일찍이 달마 대사는 자신의 저서인 《무심론》에서 "무심이 곧 진심이고, 진심이 곧 무심이다."라고 설파했습니다.

《진심직설》에서 가르치는 수행은 무심으로 망심, 즉 번뇌를 다스리는 것입니다. 무심으로 번뇌를 다스리는 것은 진심과 합치하는 수행이 됩니다. 이뿐만 아닙니다. 무심으로 번뇌를 다스리는 것은 수행의 첫째이고, 여기에 뒤따라야 할 둘째 수행이 있습니다. 이것은 몸에 배도록 선행善行을 실천하는 것입니다. 첫째 수행이 기본이고, 이것을 돕는 것이 둘째 수행입니다. 진심은 이 둘을 병행하는 것으로 실현될 수 있습니다. 그렇다면 무심은 남을 이롭게 하는 선행을 동반하는 것으로 진심이 된다고 말할 수 있습니다.

이타행 없이는 무심도 있을 수 없다

불교에서는 남을 이롭게 하는 선행을 이타행利他行이라고 합니다. 《진심직설》에서는 모든 생명을 이롭게 하는 이타행이 없이는 무심도 있을 수 없다고 가르칩니다. 이것은 《진심직설》의 독창적인 가르침이 아니라, 불교에서는 먼 옛날부터 통용되어 왔던 고결한 이념입니다. 앞에서도 설명했듯이 선정을 닦는 것은 무심의 경지에 도달하는 과정입니다. 그런데 선정을 닦는 것은 순전히 자신만의 평안을 얻기 위한 수행일 것으로 생각되기 쉽습니다. 우리만 그렇게 생각하는 것은 아닙니다. 예전부터 그렇게 생각하는 사람들이 많았습니다.

《대지도론》이라는 불전에서는 그런 사람의 생각을 다음과 같은 질문으로 예시합니다.

> 보살이 마땅히 해야 할 일은 모든 중생을 제도하는 것입니다. 그런데 무슨 까닭으로 숲 속에 한가하게 앉아 있거나 산속에서 조용히 침묵을 지키면서, 자기 한 몸만을 좋게 하고 중생들은 내버려 두는 것입니까?

여기서 보살은 남을 나와 똑같이 이롭게 하려는 부처님의 뜻을 받드는 수행자입니다. 이 질문에는 우리가 평소 품고 있는 생각이 잘 드러나 있습니다. 《대지도론》에서는 이 질문에 다음과 같이 대답합니다.

> 보살은 몸은 비록 중생들과 멀리 떨어져 있으나 마음은 항상 중생을 버리지 않습니다. 조용한 곳에서 선정을 닦는 것은 진실한 지혜를 얻어 모든 중생을 제도하기 위해서입니다. 예를 들어, 약을 먹고 잘 몸조리하거나 잠시 집안일을 쉬었다가 기력이 회복되면, 이전처럼 열심히 일할 수 있는 것과 같습니다.
> 보살이 평온의 경지에 안주하는 것도 이와 같습니다. 선정의 힘으로 지혜의 약을 먹고 신통의 힘을 얻어 다시 중생들의 세상으로 들어갑니다. 거기서 중생들의 부모

나 처자가 되기도 하고, 혹은 스승이나 어른이 되기도 하고, 혹은 천신, 심지어는 축생이 되기까지 하면서 갖가지 말과 방편으로 그들을 깨우쳐 인도합니다.

이 대답에서 '평온의 경지'는 무심의 경지와 같습니다. 대답의 요지는 선정을 닦는 것이 자신만의 평안을 위해서가 아니라, 중생을 제도할 힘을 비축하기 위해서라는 것입니다. 다시 말해서 선정을 닦는 데서 얻게 된 힘은 이타행으로 발휘됩니다. 선정의 힘은 무심의 경지에 고스란히 비축되고, 이 힘으로 중생을 제도합니다. 이것이 무심의 이타행입니다.

무심은 우리 마음의 본바탕

위기 상황에서 자신의 목숨에는 아랑곳하지 않고 이타행을 발휘하는 것은 자신도 모르게 무심을 행동으로 옮긴 것입니다. 이는 무심을 발현할 수 있는 심성이 갖추어져 있기 때문에 가능한 일입니다. 불교에서는 이런 심성을 불성(佛性), 즉 부처의 성품이라고 말합니다. 그리고 모든 중생에게는 불성이 갖추어져 있다고 믿습니다.

우리는 이미 살신성인의 무심을 갖추고 있다

무심이 이타행을 동반한다는 것은, 무심의 상태에서는 저절로 이타행이 뒤따르게 된다는 뜻입니다. 그러므로 이타행을 발휘하는 것은 무심을 행동으로 드러내는 것입니다. 이타행은 무심의 자동 반사적인 결과입니다. 이와 같은 무심과 이타행의 필연적 상관관계는 우리에게 생소한 것이 아닙니다. 과거는 물론이고 지금도 우리는 주변에서 이 상관관계를 종종 목격하고 있습니다.

이타행이라는 말이 아무래도 낯설다면, 이 말을 살신성인殺身成仁으로 바꾸어도 좋습니다. 이타행의 정신을 실천하는 대표적인 사례로 들 수 있는 것이 살신성인입니다. 살신성인은 자기 몸을 희생하여 남을 돕는 고결한 품성입니다.

요즘도 어린이들에게 살신성인의 정신을 가르치려고 네덜란드를 구했다는 소년을 예로 드는지는 모르겠습니다. 제방에 뚫린 구멍으로 물이 새자, 자신의 손으로 구멍을 막아서 나라를 구했다는 네덜란드 소년의 이야기는 사실이 아니라고 합니다. 그러나 이 이야기에서 고취하고자 하는 살신성인의 정신을 몸으로 실천한 사건은 세계 도처에서 일어나고 있습니다. 물론 우리나라도 예외는 아닙니다.

어느 소방관은 화재가 발생하자 불 속으로 뛰어들어 사람을 구하고 순직했습니다. 계곡의 급류 속으로 뛰어들어 휩쓸려 가는 사람을 구하고선 자신의 목숨을 잃은 사람도 있습니다. 이 사람들은 어떤 심정으로 불 속으로 또는 급류 속으로 뛰어들 수 있었을까요? 충분히 상상할 수 있듯이, 재난당한 사람을 구하겠다는 순간적인 의지 외에는 아무런 생각이 없었을 것입니다. 그야말로 무심이 아니었다면 그와 같은 살신성인의 이타행을 발휘할 수 없었을 것입니다. 적어도 그 순간에는 불교에서 말하는 무심이 이타행으로 발동한 것입니다.

자신을 돌보지 않고 불 속으로 뛰어들거나 급류 속으로 뛰어들어 다른 사람의 목숨을 구하는 사람들이 평소에도 무심의 경지로 살았다고 장담할 수는 없습니다. 그들도 평소에는 보통 사람들처럼 득실을 따지면서 욕심을 부리기도 하고 남과 다투기도 했을 것입니다. 그렇지만 위기 상황에서 자신의 목숨에는 아랑곳하지 않고 이타행을 발휘한 것은, 자신도 모르게 무심을 행동으로 옮긴 것입니다. 이는 무심을 발현할 수 있는 심성이 갖추어져 있기 때문에 가능한 일입니다. 불교에서는 이런 심성을 불성(佛性), 즉 부처의 성품이라고 말합니다. 그리고 모든 중생에게는 불성이 갖추어져 있다고 믿습니다.

평상심이 곧 무심이다

모든 중생에게 불성이 갖추어져 있다고 믿는 것은, 우리 마음의 본바탕은 무심이라고 믿는 것과 같습니다. 그리고 이런 믿음을 사실로 입증하는 것이 살신성인의 사례입니다. 그러나 일상생활에서 마음의 본바탕인 무심을 발현하면서 살아가는 사람은 극히 드뭅니다. 우리는 평소 득실을 따져가며 생각하거나 행동하기 때문에 그렇습니다. 득실을 따지는 순간에 우리의 무심은 오염되어 버립니다. 득실을 따질 겨를도 없이 즉각적으로 발동하는 이타행은 무심으로만 가능합니다.

이제까지 말한 것은 무심과 이타행의 필연적 상관관계를 밝힌 것입니다. 여기서 요점은 이타행을 가능하게 하는 것은 무심이라는 사실입니다. 이타행이 없으면 무심도 불가능하다고 말한 것은 아닙니다. 우리가 항상 이타행으로만 살아갈 수는 없습니다. 그러나 무심으로 살아갈 수 있으면, 언제라도 이타행을 발휘할 수 있을 뿐만 아니라 우선 평안하고, 이 덕분에 행복을 얻을 수 있을 것입니다. 일상생활에서 무심으로 살아간다는 것은, 이탈리아의 철학자인 조르조 아감벤이 《남겨진 시간》에서 말하는 다음과 같은 삶이 아닌가 싶습니다.

> 슬픔이 있는 사람은 슬픔이 없는 사람처럼 지내고, 기쁜 일이 있는 사람은 기쁜 일이 없는 사람처럼 살고, 물건을 산 사람은 그 물건이 자기 것이 아닌 것처럼 생각하고, 세상과 거래를 하는 사람은 세상과 거래를 하지 않는 사람처럼 살아야 합니다.

무심을 이타행과 결부하여 말하면 너무 거창하게 들릴 수 있습니다. 그러나 위에서 말하고 있는 것과 같은 삶이 무심이라면, 우리가 평상시에 무심으로 살아가는 것도 충분히 가능하지 않을까요? 비록 속마음은 여전히 득실을 따지고 있다고 하더라도, 위에서 말하는 것과 같은 삶으로 무심을 시작할 수는 있을 것입니다. 그래도 무심이라는 말에 주눅이 든다면, 우선 평상심平常心을 무심으로 여기는 것이 한결 가벼울지 모릅니다.

무심을 일상화하는 평상심

평상심의 요점은 두 가지입니다. 첫째는 집착하거나 차별하는 생각을 일으키지 않는 것입니다. 둘째는 이런 마음가짐으로 모든 일을 흘러가는 형편에 맞추어 대처해 나가는 것입니다. 그러므로 집착하거나 차별하지 않으면서 유연하게 모든 일에 대처하는 것이 평상심입니다. 이것이 또한 무심입니다. 한마디로 말해서 무심을 일상화하는 것이 평상심입니다.

평상심과 무심은 다르지 않다

평상심은 왠지 우리를 편안하게 해 주는 말입니다. 아마 평상심은 평상시의 마음 또는 일상적인 마음을 일컫는 말로 이해할 수 있기 때문일 것입니다. 평상심은 특별한 노력을 요구하지 않는 듯하여, 우리에게는 이 말이 그만큼 부담스럽지 않습니다. 그렇다면 평상심으로 출발하여 무심으로 나아가는 것도 그다지 어렵지 않을 수 있겠습니다.

한편으로는 이렇게 생각해 볼 수도 있습니다. 깨달음이니 진심이니 무심이니 하는 경지를 참구하다가 지치거나 오해하는 사람들이 많았을지도 모릅니다. 그래서 그런 경지를 아예 평상심이라고 말한 것은 아닐까요? 그 내막은 잘 모르겠습니다. 어떤 일에 너무 골똘하다 보면 오히려 역효과를 초래하거나 일이 더 꼬이는 경우가 적지 않은 것은 사실입니다. 이럴 때는 잠시 뒤로 물러나 딴청을 부리는 듯 조망하다가 뜻밖의 해결책을 찾을 수도 있습니다. 어쩌면 평상심도 그런 해결책이었을지 모르겠습니다.

어쨌든 평상심이라는 말이 우리에게 부담을 덜어 준다고 해서 평상심과 무심이 다를 수는 없습니다. 《진심직설》에서는 진심은 평상심이요 망심은 평상심이 아니라고 설명합니다. 이는 평상심은 무심이라고 말하는 것과 같습니다.

도일道一 스님은 중국의 선종에서 유명한 조사들 중의 한 분으로, 흔히 마조馬祖 도일로 불립니다. 마조 스님은 평상심이 곧 부처님의 깨달음에 합당한 도리라고 설파했습니다. 스님의 이 가르침은 제자인 남전南泉 스님에 의해 평상심시도平常心是道라는 금언으로 널리 알려지게 되었습니다. 이 금언에 대한 마조 스님의 설명이 《경덕전등록》에 수록되어 있는데, 이에 따르면 평상심은 다음과 같은 것입니다.

일부러 지어내지 않으며, 이것은 옳고 저것은 그르다고

따지지 않으며, 이것은 취하고 저것은 버린다고 차별하지 않으며, 허무하다는 생각이나 영원하다는 생각에 빠지지 않으며, 범부니 성자니 하고 구분하지 않는 것이 평상심입니다. 경전에서는 범부처럼 행세하지도 않고 성자나 현자처럼 행세하지도 않는 것이 보살의 행실이라고 합니다. 다른 것이 아니라, 지금 걷다가 멈추기도 하고 앉다가 눕기도 하는 것처럼 형편에 따라 대처하는 것이 모두 깨달음에 합당한 도리입니다.

이 설명에 따르자면 평상심의 요점은 두 가지입니다. 첫째는 집착하거나 차별하는 생각을 일으키지 않는 것입니다. 둘째는 이런 마음가짐으로 모든 일을 흘러가는 형편에 맞추어 대처해 나가는 것입니다. 그러므로 집착하거나 차별하지 않으면서 유연하게 모든 일에 대처하는 것이 평상심입니다. 이것이 또한 무심입니다. 한마디로 말해서 무심을 일상화하는 것이 평상심입니다.

'큰 바위 얼굴'이 우리에게 시사하는 것

평상심과 무심이 서로 다른 것은 아니지만, 평상심을 위와 같이 이해하는 것으로 평상심은 우리에게 한결 더 가깝게 다가온 듯합니다. 나다니엘 호손의 단편소설 중 우리에게 가장 잘 알려진 작품은 '큰 바위 얼굴'일 것입니다. 이 작품의 주제는 불교로 말한다면 평상심에 해당합니다. 이 작품이 전개해 나가는 이야기는 평상심의 예로 들기에 적절합니다. 아래에 간추려 소개할 이 작품의 줄거리를 한번 들어 보기 바랍니다. 요즘은 이런 이야기를 들을 기회가 별로 없을 듯하여 약간 장황하게 소개합니다.

> 높은 산으로 둘러싸인 넓은 골짜기가 있고, 이 골짜기에는 농사짓고 사는 여러 마을들이 있습니다. 마을 사람들에게는 한 가지 공통점이 있었습니다. 저 멀리 절벽에서 마을을 내려다보는 큰 바위 얼굴에 친밀감을 가지고 있다는 것입니다. 물론 이것은 몇 개의 바위덩이에 불과한 것이었지만, 멀리서 보면 숭고하고 장엄한데다가 다정하고 온화한 거인의 얼굴처럼 보였던 것입니다. 마을 사람들은 자신들의 행복한 삶이 그 바위 얼굴 덕분이라고 생각하고 있었습니다.
> 마을 사람들은 큰 바위 얼굴에 관한 전설을 믿고 있었습니다. 이 전설은 옛날 이 골짜기에 살았던 인디언의 예언입니다. 이 예언에 의하면, 언젠가는 이 골짜기에서 위대한 인물이 될 운명을 타고난 한 아이가 태어날 것입

니다. 그리고 이 아이는 어른이 되면서 점차 큰 바위 얼굴을 닮아 갈 것입니다.

이 골짜기의 한 오두막집에서 어머니와 단둘이 살고 있는 소년의 이름은 어니스트입니다. 어니스트는 어릴 때 어머니와 함께 큰 바위 얼굴을 보면서 어머니로부터 이 전설을 들었습니다. 그 뒤부터 어니스트의 가장 큰 소망은 그 위대한 인물과 만나고 싶은 것이었습니다. 어니스트는 학교도 다니지 못한 채 어머니의 일을 도우면서 성장했습니다. 그에게는 큰 바위 얼굴이 선생님이었습니다. 그는 하루 일이 끝나면, 그 바위 얼굴을 쳐다보곤 하면서 위대한 인물과 만날 수 있을 날을 기다렸습니다.

그렇게 세월이 가는 사이에, 이 골짜기 출신으로 여러 사람들이 크게 성공하여 마을로 돌아왔습니다. 그때마다 한결같이 마을에는 바로 그 사람이 큰 바위 얼굴을 닮은 위대한 인물일 것이라는 소문이 나돌았습니다. 소문으로 그치지 않고 신문에 그렇게 보도되기도 하였습니다. 그중에는 크게 부자가 된 사람, 장군이 된 역전의 용사, 빼어난 웅변으로 대통령을 꿈꾸는 정치가도 있었습니다. 그러나 이들을 직접 목격할 때마다 어니스트는 그들이 큰 바위 얼굴은 아니라는 사실을 알았습니다. 이렇게 실망을 거듭한 사이에 어니스트는 어느덧 노인이 되어 버렸습니다.

드디어 어니스트가 생각하기에 정말 큰 바위 얼굴로 여

길 만한 시인이 어니스트를 만나러 왔습니다. 이 사람도 이 골짜기 출신이었는데, 도시로 나가 유명한 시인이 되어 돌아온 것입니다. 어니스트도 그의 시를 읽고 많은 감동을 받았습니다. 그런데 그 시인은 어니스트의 훌륭한 인품에 관한 소문을 듣고 어니스트를 만나고 싶어 찾아온 것이었습니다.

어니스트는 그 시인이 그토록 만나고 싶었던 큰 바위 얼굴일 것으로 기대했지만, 정작 만나고 보니 그도 역시 큰 바위 얼굴은 아니라는 것을 알게 되었습니다. 실망한 어니스트가 한숨을 쉬자, 그 시인은 자신은 큰 바위 얼굴의 자격을 갖추지 못한 사람이라고 고백했습니다. 큰 바위 얼굴을 만나고 싶어 하는 데서는 두 사람이 같은 마음이었습니다. 두 사람은 격의 없이 해 질 녘까지 대화를 나누었습니다.

해 질 무렵 마을 사람들은 으레 그랬듯이 어니스트의 이야기를 듣고자 밖에서 기다리고 있었습니다. 어니스트는 시인과 함께 사람들이 기다리는 곳으로 가서, 연단으로 올라가 이야기를 시작했습니다. 시인은 그의 이야기를 들으면서 자기가 쓴 어느 시보다도 고상하고 우아하다고 느꼈습니다. 그때 그는 저 멀리 절벽에서 석양의 찬란한 햇빛을 받아 뚜렷이 드러나는 큰 바위 얼굴을 바라보았습니다. 그는 다시 연단에 있는 어니스트를 보는 순간 팔을 높이 쳐들면서 외쳤습니다.

"보시오! 보시오! 어니스트야말로 저 큰 바위 얼굴과 똑같습니다."

이 이야기의 작자는 어니스트가 노인이 되기까지 어떻게 살았는지 구체적으로 서술하지 않습니다. 그러나 우리는 충분히 짐작할 수 있습니다. 그의 삶을 이끌어 간 마음가짐은 앞에서 설명한 것과 같은 평상심이었을 것입니다. 우리가 무심을 큰 바위 얼굴로 염원하면서 살아간다면, 우리의 삶 자체가 평상심이 되어 마침내 무심으로 구현될 것입니다. 작가가 의도한 이야기의 주제가 겸손과 성실이라면, 겸손과 성실 역시 평상심 또는 무심의 발로입니다.

반지의 제왕, 무심과 평상심의
혼연일체로 탐욕을 제거하다

주역인 프로도와 조역인 샘 와이즈의 대비는 참으로 의미심장합니다. 굳건한 듯하지만 유약한 무심을 상징하는 주역이 프로도라면, 유약한 듯하지만 굳건한 평상심을 상징하는 조역이 샘 와이즈입니다. 그리고 우여곡절을 겪더라도 탐욕은 무심과 평상심의 혼연일체로 제거될 수 있습니다.

탐욕의 대상, 절대 반지

피터 잭슨이 감독한 영화 '반지의 제왕'은 한때 최고의 흥행작이었습니다. 이 영화는 20세기 영미 문학의 10대 걸작으로 꼽히는 소설 《반지의 제왕》을 각색한 것입니다. 이 소설은 판타지 문학의 백미로 꼽히기도 합니다. 이 소설의 작자인 존 로날드 로웰 톨킨은 영문학을 전공한 교수였습니다. 그는 영국 사람입니다. 생애에 두 차례의 세계 대전을 목격했던 그는 이 소설에서 세계 대전을 마왕과의 전쟁에 비유하여, 마왕을 퇴치하는 투쟁의 과정을 일종의 영웅담으로 그려 냈습니다.

영화는 원작자의 의도를 충분히 반영하지 못하고 환상적

인 영웅담으로 그칠 수밖에 없었습니다. 그러나 원작자의 의도는 선과 악의 투쟁에서 동요하는 인간의 속성을 묘사하는 데 있는 것으로 보입니다. 인간은 악에 물들기 쉬운 기본 속성으로 살아가고 있습니다. 그렇지만 인간은 이 악한 속성을 거부하는 선한 속성도 갖추고 있습니다. 그래서 선한 속성으로 난관을 극복할 때 평화는 도래합니다. 이것이 소설의 줄거리를 이끌어 가는 핵심입니다.

줄거리만으로 보면, 이 소설은 세계를 지배하려는 마왕의 군대와 싸워 승리를 거두는 영웅들의 이야기입니다. 이 영웅들 속에는 마법사, 인간족, 요정족, 난장이족, 반인족 등 여러 족속의 대표자가 포함되어 있습니다. 이 싸움의 승리는 온 세상을 지배할 위력을 간직한 절대 반지를 어느 쪽에서 차지하느냐에 달려 있습니다.

마왕은 이 절대 반대를 쟁취하는 것으로 승리할 수 있습니다. 그러나 영웅들 쪽에서는 그 절대 반지를 완벽하게 없애 버리는 것으로 승리할 수 있습니다. 여기서 절대 반지는 가장 지독한 탐욕을 상징합니다. 그러므로 영웅들의 승리는 이 탐욕을 버리는 이욕離慾을 상징합니다. 그래서 소설 《반지의 제왕》의 핵심은 작자의 의도와는 상관없이 불교의 인간관을 여실하게 반영합니다.

아주 먼 옛적에 특별한 힘을 지닌 신비한 반지들이 있었습니다. 요정족과 인간족과 난장이족이 그 반지들을 갖고 있었지만, 이 반지들의 힘을 지배하는 유일한 반지가 있었습니다. 이것이 절대 반지이고 반지의 제왕입니다.

마왕은 다른 반지들을 모두 수중에 넣었지만, 원래 자신이 만들어 소유했던 절대 반지는 회수하지 못했습니다. 이 반지는 옛적의 전투에서 사라져 버렸던 것입니다. 그런데 이것이 우연히 발견되어 반인족의 수중에 들어가 있었습니다. 마왕은 반인족이 감추고 있는 절대 반지를 되찾는 데 혈안이 되어 있었습니다. 반지가 마왕의 수중에 들어가게 되면 온 세상은 완전히 마왕의 지배를 받게 됩니다. 마왕의 지배로부터 벗어날 수 있는 유일한 방법은 절대 반지를 완전하게 폐기하는 것입니다.

절대 반지를 완전하게 폐기하는 방법은 활화산의 분화구에서 끓고 있는 용암에 던져 버리는 것뿐입니다. 그런데 이 활화산은 마왕의 영토 중 가장 깊숙한 곳에 있습니다. 더욱이 마왕의 눈은 항상 이곳을 감시하고 있습니다. 이곳까지 가서 절대 반지를 폐기하기란 거의 불가능한 일입니다. 그래서 이 임무를 수행할 특별한 결사 조직으로 반지 원정대가 구성되었습니다.

그러나 정작 문제가 되는 것은 바로 그 절대 반지입니다. 특별한 힘을 간직한 절대 반지는 누구나 갖고 싶어 하는 탐욕의 대상이기 때문입니다.

절대 반지는 손가락에 끼자마자 그 소유자를 투명하게 만들어 버립니다. 이와 동시에 절대 반지는 그 소유자의 마음을 지배하는 마력을 발휘합니다. 집착과 탐욕과 자만과 자기기만 따위의 망상을 갈수록 심하게 부추기는 것이 반지의 마력입니다. 또한 절대 반지를 손가락에 끼는 순간부터는 아무에게도 노출되지 않고 무슨 짓이든 맘대로 저지를 수 있습니다. 이렇게 하여 절대 반지는 그 소유자를 아예 마왕과 한 몸이 되게 만들어 버릴 수 있습니다.

악에 물들고 악을 맛들이게 되면 더욱 악에 끌리게 됩니다. 이것이 절대 반지의 유혹입니다. 절대 반지를 소유하게 되면 영웅도 현자도 성자도 그 유혹에서 벗어나지는 못합니다. 누가 이 유혹의 손길을 뿌리치고 절대 반지를 안전하게 보관할 수 있을까요? 누가 절대 반지를 사용해 보고 싶은 충동을 억누를 수 있을까요? 그러므로 반지 원정대의 구성원 중 가장 믿을 만한 대원에게 절대 반지를 맡겨야 합니다. 절대 반지를 보관하는 이 대원이 반지 원정대의 주역입니다. 다른 대원들의 임무는 이 주역을 안전하게 보호하는 일입니다.

반지 원정대의 주역으로 선발된 대원은 위대한 마법사나 용맹스런 전사도 아니며, 슬기로운 현자나 미모의 요정도 아닙니다. 아주 작은데다 겁도 많아 보잘것없는 반인족 중에서 주역이 선발됩니다. 주역으로 선발된 프로도의 임무는 절대 반지를 끝까지 보관하고 있다가 끓는 용암 속에 던져 버리는 것입니다. 이 프로도의 시종인 샘 와이즈는 오로지 주인의 손발이 되겠다는 일념으로 끝까지 프로도를 뒷바라지합니다. 평범하고 순박하기 짝이 없는 이 둘이서 불굴의 용기와 끈기를 발휘하여 그 중대한 임무를 완수하게 됩니다.

무심과 평상심의 최대 걸림돌은 탐욕

이 소설의 주인공은 우리가 흔히 기대하는 그런 영웅이 아닙니다. 절대 반지가 부추기는 유혹과 싸우면서도 본래의 순박한 심성을 잃지 않으려고 애쓰는 자, 자신이 그런 중대한 임무를 수행할 만큼 대단한 존재가 아니라는 사실을 스스로 알고 있는 자, 그런 자가 마침내 그 임무를 완수합니다.

이제까지 무심을 거론하다가 소설 《반지의 제왕》을 불쑥 장황하게 소개하는 것이 여전히 의아스러울지 모르겠습니다. 그렇긴 해도 이 소설의 주인공으로 잠시 언급한 프로도를 무심에 빗대고 있다는 점은 짐작할 수 있을 것입니다. 그런데 프로도 못지않게 중요한 배역은 샘 와이즈이고, 아직 언급하지 않은 골룸입니다. 절대 반지가 프로도의 삼촌 손에 들어오기 전에는 골룸이 절대 반지를 갖고 있었습니다.

골룸은 흉측한 괴물로 등장하지만, 그 역시 프로도와 같은 족속이었습니다. 원래 이름이 스미골이었던 골룸이 괴물로 변하게 된 것은 절대 반지 때문이었습니다. 꽤 오래 전에 스미골은 친구와 연못에서 놀고 있었습니다. 이때 친구가 절대 반지를 줍게 되었는데, 스미골은 친구를 죽이고 그 반지를 차지했습니다. 이후 스미골은 동굴 속에서 300년 동안이나 숨어 지냈습니다. 그는 절대 반지의 위력으로 이렇게 오래 살 수 있었던 것입니다. 그동안 그는 날생선으로 연명하다가 괴물의 모습으로 변하게 되었고 골룸이라는 별명으로 불리게 되었습니다.

골룸은 빼앗긴 반지를 되찾기 위해 반지 원정대를 처음부터 미행했습니다. 그리고 반지를 운반하는 프로도의 일행을 끈질기게 뒤쫓아 다니며 기회를 엿봅니다. 마침내 절대 반지를 폐기하는 데 성공하게 된 것도 사실은 골룸 덕분입니다. 그는 용암이 끓고 있는 분화구 위에서 프로도로부터 반지를 빼앗는 데 성공합니다. 골룸은 탐욕의 성취감으로 기뻐 날뛰다가 절벽에서 미끄러져 반지와 함께 용암 속으로 사라져 버립니다. 탐욕은 스스로를 파멸로 이끈다는 교훈이겠지요. 어쨌든 반지 원정대의 임무는 이렇게 하여 완수되었습니다.

결말이 좀 이상하지 않습니까? 무심의 화현처럼 보이는 주인공의 손으로 임무를 완수하는 것이 아니라, 탐욕의 화신으로 등장하는 괴물의 손에 의해 임무를 완성하게 되다니요. 작가의 의도가 불교와는 전혀 무관하다고 하더라도, 작가는 우리에게 무심과 평상심의 최대 걸림돌이 탐욕이라는 사실을 재차 일깨워 줍니다.

괴물인 골룸은 무심과 평상심의 소유자인 프로도와 샘 와이즈에게 처음부터 끝까지 달라붙어 다니는 탐욕이었습니다. 그리고 둘 중에서는 프로도가 무심이라면 샘 와이즈는 평상심입니다. 프로도가 결정적인 순간에 임무를 수행하지 못하게 된 것은 탐욕의 유혹을 견뎌내지 못한 탓입니다.

프로도와 샘 와이즈는 온갖 역경을 헤치고 임무 수행의 목적지에 도착하게 됩니다. 그동안에 만신창이가 된 프로도가 이제 반지를 버리기만 하면 임무는 끝납니다. 그런데 이 결정적인 순간에 프로도는 반지를 버리지 않겠다고 선언하면서 손가락에 끼어 버립니다. 탐욕은 이처럼 언제라도 무심을 엄

습할 수 있습니다.

반면에 샘 와이즈는 끝까지 평상심을 유지합니다. 그 역시 절대 반지의 강렬한 유혹에 직면한 적이 있지만, "아무튼 이런 생각은 속임수에 불과해."라는 자각으로 그 유혹을 물리칩니다. 주역인 프로도와 조역인 샘 와이즈의 대비가 참으로 의미심장합니다. 굳건한 듯하지만 유약한 무심을 상징하는 주역이 프로도라면, 유약한 듯하지만 굳건한 평상심을 상징하는 조역이 샘 와이즈입니다. 그리고 우여곡절을 겪더라도 탐욕은 무심과 평상심의 혼연일체로 제거될 수 있습니다.

끝까지 평상심을 잃지 않으면서 무심을 뒷바라지하고 지켜내는 샘 와이즈야말로 진정한 무심의 보살입니다. 시종으로서 자신의 몸을 낮추어 주인의 임무를 달성시킨 평상심의 소유자, 샘 와이즈는 무심을 실천하는 하심의 전형일 것입니다.

진정한 하심은
사소한 일에서부터 발현된다

우리가 대수롭지 않게 여기는 사소한 경우에도 자신을 낮추는 마음이야말로 진정한 하심입니다. 큰일보다는 작은 일에서 발현되는 하심일수록 더욱 진심에 가깝습니다.

하심, 자신을 낮추고 남을 공경하는 마음

이 책에서 하심下心이라는 말이 좋은 뜻으로 쓰이고 있다는 것은 두말할 나위가 없습니다. 하심은 불전에서 유래한 말입니다. 그런데 하심에는 다른 뜻도 있다는 것을 먼저 알아 두는 것이 좋겠습니다. 마음의 작용을 품격에 따라 상·중·하로 구분할 때, 하심은 가장 낮은 마음입니다. 예를 들어 《대비바사론》이라는 불전에서는 이런 하심을 오염된 마음이라고 정의합니다. 게으름을 피우고 싶어 하는 마음은 오염되기 쉽게 때문에 하심으로 불립니다.

그러나 지금 말하고 있는 하심은 자신을 낮추어 남을 공경하는 마음입니다. 《불명경》이라는 경전에서, 부처님은 이런 하심을 하인의 마음가짐과 같은 것이라고 가르칩니다. 소설 《반지의 제왕》에서 시종인 샘 와이즈가 발휘한 것도 이 같은 하심입니다.

하심은 마음을 낮춘다는 뜻입니다. 여기서 낮추어야 할 마음은 교만, 오만, 자만 따위와 같은 자기중심의 사고방식입니다. 부처님은 몸소 제자들을 겸허하게 공경하는 것으로 하심의 자세를 가르친 적이 있습니다. 이 이야기는 《현우경》에 실려 있습니다.

어느 해에 부처님은 안거를 마치고 찾아온 제자들을 특별하게 맞이했습니다. 평소보다는 유달리 겸손한 말씀으로 그간의 수행을 칭찬하면서 공경하는 뜻을 표시했던 것입니다. 제자들은 아랫사람에게 이렇게 대하는 부처님의 태도가 이치에 맞지 않다고 생각하여, 그 이유를 여쭈었습니다. 부처님의 뜻은 하심의 자세를 가르치려는 데 있었습니다. 그래서 부처님은 제자들에게 하나의 전생 이야기를 해 줍니다. 아주 재미있는 이야기는 아니지만, 하심은 사소한 일에서부터 출발한다는 것을 일깨워 줍니다.

작은 일에서 드러나는 하심의 가치

옛날에 열심히 일해서 금을 모으는 데만 집착하는 사람이 있었습니다. 그는 금을 모으는 대로 병에 담아 땅속에 묻어 두었습니다. 이렇게 묻어 둔 병은 일곱 개나 되었습니다. 그는 병에 걸려 죽게 되었습니다. 그러나 금에 너무 집착했던 탓으로 뱀으로 환생하여, 그 병들을 칭칭 감고서 지키다가 죽었습니다. 환생할 때마다 이렇게 하기를 수만 년이나 지났습니다.

드디어 그는 뱀으로 태어난 자신의 몸에 싫증을 내게 되었습니다. 그리고 그 원인이 금에 대한 집착이라는 것도 깨달았습니다. 이제 그 금을 절에 보시하는 것으로 공덕을 쌓기로 했습니다. 이리하여 뱀은 지나가는 사람을 붙들고, 그 금으로 스님들에게 공양하되 절에서 음식을 베푸는 날에는 자기를 그 절로 데려가 달라고 부탁했습니다.

그 사람은 부탁한 대로 실행했습니다. 절에서 음식을 베푸는 날이 되자 그는 뱀에게 갔습니다. 그는 뱀을 바구니에 넣고 다른 사람들이 겁먹지 않도록 천으로 덮은 후, 바구니를 메고 절을 향해 떠났습니다. 그는 절로 가는 도중에 마주친 낯선 사람의 인사를 받게 되었습니다. 그런데 그는 이 낯선 사람이 어디서 오는 길이냐고 몇 차례나 묻는데도 아무런 대꾸를 하지 않았습니다. 바구니 속에 있던 뱀은 인사에 답하지 않는 그에게 화가 치밀어 죽이고 싶었지만, 자기에게 은혜를 베푸는 중이라고 생각하여 꾹 참았습니다.

한적한 길에 접어들자 뱀은 그 사람에게 다시는 그러지 말라고 크게 꾸짖었습니다. 그 사람도 자신의 잘못을 뉘우치고 겸허하게 하심을 일으키게 되었습니다. 절에 도착하자 스님들은 공양을 마치고 나서 뱀을 위해 설법해 주었습니다. 기쁨과 보람을 느낀 뱀은 나머지 여섯 개의 병에 담긴 금도 모두 스님들에게 보시하였습니다.

뱀에게 꾸지람을 들었던 사람은 부처님의 전생이었습니다. 부처님은 이상과 같은 이야기를 마친 후, 제자들에게 다음과 같이 말했습니다.

> 나는 옛날 뱀을 메고 갈 때에 뱀의 꾸지람을 듣고 부끄러워하면서, 겸허하게 하심을 일으켜 모두를 평등하게 보리라고 맹세했습니다. 그리하여 오늘날까지 아직 한 번도 중단한 일이 없습니다.

이 이야기에서 하심을 일으키게 된 연유는 별로 대단한 것 같지 않은 듯합니다. 그렇지만 자기 생각에만 빠져 있는 사람이 한번 꾸지람을 듣거나 지적받는 것으로 생각을 바꾸기란 대단히 어려운 일입니다. 더군다나 이 이야기의 경우처럼 상대방의 말을 들은 척도 하지 않았다는 사소한 일로 꾸지람을 듣게 되었다면 더욱 그렇겠지요.

부처님은 하심을 가르치기 위해 왜 이처럼 사소한 일을 예로 들었을까요? 건방을 떨었다가는 주변 사람들로부터 비난을 받기에 충분한 상황에서는 대부분의 사람들이 자신을 낮추는 척할 수 있습니다. 이 같은 경우에 드러내는 하심을 진실한 것으로 믿을 수 있을까요? 아마 이런 경우의 하심은 가식일 가능성이 많을 것입니다.

그러므로 진정한 하심이라면 아주 사소한 일에서부터 드러날 수 있어야 합니다. 부처님이 예로 든 이야기의 요점은 바로 여기에 있습니다. 우리가 대수롭지 않게 여기는 사소한 경우에도 자신을 낮추는 마음이야말로 진정한 하심입니다. 큰일보다는 작은 일에서 발현되는 하심일수록 더욱 진심에 가깝습니다.

하심을 가로막는 교만을 억제하라

이 세상에는 나보다 나은 사람이 있게 마련입니다. 아무리 못나 보이는 사람에게도 나보다 나은 점은 하나쯤 갖고 있게 마련입니다. 우리가 누구를 만나든지 그 사람에 대해 이런 생각을 먼저 떠올릴 수 있다면, 적어도 교만이 먼저 발동하지는 않을 것입니다. 교만을 억제하는 습관이 몸에 배일 때, 교만에서 풀려난 하심도 함께 몸에 배게 될 것입니다.

마음을 낮추어 나를 앞세우지 않는다

스님들은 신자들을 일컬을 때 보살이라는 호칭을 즐겨 사용합니다. 그러나 보살은 일반 신자뿐만 아니라 스님들에게도 적용되는 호칭입니다. 오히려 보살은 원래 스님들을 일컫는 호칭이었습니다. 이 경우에 스님들은 출가 보살로 불립니다. 나중에는 재가 신자들도 보살로 불리게 되었습니다. 이들은 출가만 하지 않았을 뿐, 부처님의 가르침을 믿고 따르기로는 스님들과 다를 바 없기 때문입니다. 이들은 재가 보살입니다. 출가든 재가든 앞서 말한 이타행으로 부처님의 가르침을 실현하고자 노력하는 사람이면 모두 보살로 불립니다.

보살의 특징은 자비심과 이타행입니다. 즉, 자비심을 발현하여 이타행으로 실천하는 사람이 보살입니다. 자비심을 실천에 옮기는 것이 이타행이고, 하심의 발현입니다. 그래서 불전에서는 보살이라면 모름지기 하심을 갖추어야 한다고 설명합니다.

부처님은 《대승본생심지관경》에서, 출가한 보살이 자신을 청정하고 장엄하게 유지할 수 있도록 열심히 노력하여 갖추어야 할 덕목을 여덟 가지로 제시합니다. 물론 이 중에는 하심이 포함되어 있습니다. 즉, 첫째는 스승을 공경하는 것입니다. 둘째는 교만한 생각을 버리고 겸허하게 하심을 일으키는 것입니다. 스승을 공경하는 것 다음에 곧장 하심을 제시한 것은 의미심장합니다. 스승 앞에서 어쭙잖은 지식을 과시하는 것으로 스승을 은근히 얕잡아 보려는 제자들이 적지 않으니까요.

불전에서는 하심이라는 말을 종종 저심(低心)이라는 말로 바꾸어 표현하기도 합니다. 저심의 뜻은 하심과 동일하지만, 너무 생소한 말이므로 저심을 하심으로 바꾸어 써도 무방합니다. 《대가섭문대보적정법경》이라는 경전에서 말하는 저심은 하심입니다. 이 경전에서 부처님은 보살이 갖추어야 할 덕목을 서른두 가지로 제시합니다. 부처님은 이것들 중 하심을 다음과 같이 넷째로 열거합니다.

> 모든 중생을 이롭게 합니다. 모든 것을 바르게 아는 지혜의 씨앗이 됩니다. 신분이 높고 낮음을 가리지 않고 지혜를 얻게 해 줍니다. 모든 중생에게 마음을 낮추어 나를 앞세우지 않습니다.

여기서는 "마음을 낮추어 나를 앞세우지 않습니다."라고 말한 것이 하심입니다. 나를 앞세우지 않는 것은 무아의 정신이자 무심이라고 말할 수 있습니다. 마음을 낮추는 저심, 즉 하심은 무심과 하나로 통하는 마음입니다. 반대로 나를 앞세우는 것은 교만입니다. 교만한 생각을 버리지 않는 한, 하심이 발현될 수는 없습니다. 그래서 불전에서도 교만과 하심을 상반하는 마음으로 간주합니다.

교만, 하심을 가로막는 마음

불교에서 아수라는 인간과 짐승 사이에 위치하는 귀신의 무리입니다. 아수라는 싸우기를 좋아하는 귀신으로 잘 알려져 있습니다. 그래서 우리말에서도 싸움질을 일삼는 사람을 비하할 때는 흔히 '아수라 같은 놈'이라고 말합니다. 《보살본연경》에서 부처님이 아수라의 나쁜 성질 중 일차적으로 꼽는 것은 하심이 없는 교만입니다. 부처님의 설법에 의하면, 다음과 같은 것이 아수라입니다.

아수라도 오욕락을 누리기로는 천신과 다르지 않습니다. 그러나 아수라는 교만하여 자신을 높일 뿐이고 겸손하게 자신을 낮추는 하심이 없습니다. 이 때문에 아수라는 부처님을 보더라도 존경하는 마음을 내지 않으며, 심지어 천신들의 과실을 캐내는 데만 전념합니다. 아수라는 온통 교만에 빠진 탓으로 자기가 옳고 남은 그르다고 여겨, 헐뜯고 찌르고 꾸짖는 싸움을 일삼게 됩니다.

하심의 발현을 가로막는 것이 교만입니다. 교만을 버릴 수 있다면 하심은 저절로 발현될 것입니다. 그렇다면 굳이 하심을 일으키고자 애쓸 것도 없습니다. 자신의 마음에 도사리고 있는 교만을 먼저 반성하고 조심하는 것으로, 하심은 교만의 압제에서 벗어나게 됩니다. 혹시 나에게는 딱히 교만이라 할 만한 것이 없다고 생각하는지요? 일단 자신의 마음에서 교만을 샅샅이 수색해 보기 바랍니다.

자신에게서 교만을 찾지 못한다면, 이는 아마 교만의 범위를 축소한 탓일 것입니다. 우리는 잘난 체하며 뽐내는 것, 또는 건방지게 구는 것을 보통 교만(驕慢)으로 여기고 있습니다. 그런데 불교에서는 교(憍)와 만(慢)이라는 두 가지 마음을 함께 일컬어 교만(憍慢)이라고 합니다.

교와 만은 잘난 체하여 우쭐대는 마음인 점에서는 동일합니다. 교는 다른 사람과 비교할 것도 없이, 내가 갖추고 있는 것에 집착하여 스스로 우쭐대는 마음입니다. 이에 비해 만은 주로 다른 사람과 비교하여, 남을 낮추고 나를 높이는 것으로 우쭐대는 마음입니다. 불전에서는 교를 여덟 가지로, 만을 일곱 가지로 열거합니다. 자신의 마음에서 이것들 중 하나라도 발견한다면, 자신이 아직 교만한 상태로 있다는 것도 인정해야 합니다.

여기서 여덟 가지의 교와 일곱 가지의 만을 각각 일컫는 용어는 그다지 중요하지 않습니다. 자신이 평소 의식하지 못하는 교만은 이처럼 다양하다는 것을 각성할 수 있다면, 이것으로 충분합니다. 먼저 여덟 가지의 교에 속하는 것으로, 스스로 자랑하고 싶어 하는 마음은 다음과 같은 것들입니다. 아래는 《문수사리문경》에서 열거하는 순서입니다.

- 색교(色憍): 나는 외모가 빼어나다.
- 성장교(盛壯憍): 나는 원기가 왕성하다.

- 부교富憍: 나는 풍족하게 부자로 살고 있다.
- 자재교自在憍: 나는 걸림이 없이 자유롭게 살고 있다.
- 성교姓憍: 나는 혈통이 좋은 가문에서 태어났다.
- 행선교行善憍: 나는 남에게 좋은 일을 하고 있다.
- 수명교壽命憍: 나는 수명이 길어 오래 살고 있다.
- 총명교聰明憍: 나는 머리가 좋아 총명하다.

교는 위와 같은 생각이 드는 것을 가리키는 것이 아닙니다. 사람에 따라 위와 같이 살 수 있는 것은 사실이니까요. 다만 이런 생각으로 우쭐대는 마음이 일어난다면, 이 마음이 바로 교입니다. 한편 《구사론》을 비롯한 여러 불전에서 설명하는 일곱 가지의 만은 다음과 같은 생각을 품고 있는 마음입니다. 아래에서 '저 사람'과 '이 사람'은 서로 다른 사람입니다.

- 만慢: 저 사람은 모든 면에서 확실히 나보다 열등하므로 나는 그보다 훨씬 더 잘났다. 그리고 이 사람에 대해서는 다른 사람들이 잘났다고 말하는데, 나도 이 사람과 대등하므로 나 역시 잘난 사람이다.
- 과만過慢: 모든 면에서 나와 대등한 저 사람을 보고 다른 사람들은 잘났다고 말하지만, 사실은 그 사람보다는 내가 더 잘났다. 그리고 이 사람은 모든 면에서 나

보다 잘난 것은 사실이지만, 나도 어떤 면에서는 이 사람만큼 잘났다.
- 만과만慢過慢: 다른 사람들은 저 사람이 가장 잘났다고 말하는데, 이는 내가 그 사람보다 더 잘났다는 것을 모르고 하는 말이다.
- 아만我慢: 다른 사람과는 구별되는 나의 오온몸과 마음이 야말로 진짜 나이고 나의 것이다. 나는 다른 사람들보다 더 나은 오온으로 살고 있다.
- 증상만增上慢: 다른 사람들은 나의 진가를 모르고 있지만, 나는 이미 알아야 할 것은 모두 알고 있다. 저 사람이 깨달았다고 하는 그것은 나도 이미 깨달은 것이다.
- 비만卑慢: 다른 사람들이 모두 인정하듯이 저 사람이 나보다 잘난 것은 확실하다. 하지만 나는 저 사람보다 약간 부족할 뿐이다.
- 사만邪慢: 다른 사람들이 나에게는 덕이 없을 것으로 생각할지 모르지만, 사실 나는 덕을 갖추고 있다.

불교에서는 교와 만을 구분하여 이상과 같이 상세하게 파악했지만, 이것들 중 어느 것이든 우리에게는 교만입니다. 불교에서 이렇게 구분한 것도 그만큼 우리는 교만에서 벗어나기 어렵다는 것을 깨우치기 위함입니다. 만약 이런 것들이 교만이라고 알고 나니 교만에서 벗어나기는 어렵겠다는 생각이

들거든, 그냥 하심의 취지를 쉽게 생각하여 마음에 새기는 편이 나을 것입니다. 그 취지는 간단합니다. 겸허한 마음가짐, 즉 겸손입니다.

이 세상에는 나보다 나은 사람이 있게 마련입니다. 아무리 못나 보이는 사람에게도 나보다 나은 점은 하나쯤 갖고 있게 마련입니다. 우리가 누구를 만나든지 그 사람에 대해 이런 생각을 먼저 떠올릴 수 있다면, 적어도 교만이 먼저 발동하지는 않을 것입니다. 교만을 억제하는 습관이 몸에 밸 때, 교만에서 풀려난 하심도 함께 몸에 배게 될 것입니다.

하심,
자비심을 실천하기 위한 첫 단계

자비는 나보다 남의 입장을 먼저 생각하는 데서 가능한 것입니다. 남을 배려하지 않고서는, 즉 나를 앞세우고서는 결코 자비심이 생길 수 없습니다. 앞에서 열거했던 교만한 마음에서는 남을 배려할 수 없습니다. 다시 말해서 자비는 자신을 낮추는 하심에서 우러나올 수 있습니다.

하심으로 중생을 교화한 상불경보살

앞에서 소개한 것으로 알 수 있듯이 하심은 보살의 필수 덕목입니다. 부처님은 하심을 가장 쉽게 이해하도록 하인의 마음가짐에 비유했습니다. 하인이나 시종과 같은 신분에 대해 먼저 떠오르는 것이 무엇입니까? 당연히 봉사가 먼저 떠오를 것입니다. 요즘이야 이런 신분 자체가 없어지고, 설혹 비슷한 처지가 있다고 하더라도 엄연한 직업으로 바뀌었습니다. 그러나 부처님이 말하는 하인은 봉사하는 것을 천직으로 생각하는 사람입니다. 그래서 하인의 마음이란 남을 도와 이롭게 하는 데 전념하는 마음입니다. 이런 마음은 불교에서 중시하는 자비심에 속합니다.

하심은 결국 자비심과 연관됩니다. 중국에서 일찍이 편찬된 《법원주림》은 불교의 백과사전과 같은 불전입니다. 여기서는 하인의 마음처럼 모든 중생에게 스스로 하심을 일으키라고 당부한 부처님의 말씀을 인용하여, 다음과 같이 자비심을 설명합니다.

> 큰 자비심을 일으키는 것은, 중생을 마치 하인의 마음가짐과 같은 하심으로 대하여, 아직 구제받지 못하고 고통받는 중생을 구제하려는 뜻을 품는 것입니다.

불전에 등장하는 숱한 보살들 중에서 하심의 전형으로 제일 먼저 떠오르는 보살은 상불경보살입니다. 상불경常不輕은 누구에게나 항상 공경하는 마음을 일으킨다는 뜻입니다. 《법화경》에서 상불경보살은 부처님의 전생입니다. 이 보살이 상불경으로 불리게 된 이유는 다음과 같습니다.

옛날, 교만에 빠진 스님들이 큰 세력을 떨치던 때가 있었습니다. 그런 와중에도 한 스님은 경전은 공부하지 않으면서 어느 누구에게나 항상 예배하면서 칭송했습니다. 심지어는 지나가는 사람을 쫓아가서 하기도 했습니다. 그 이유를 물으면 그 스님은 이렇게 대답했습니다.

"당신은 보살의 도리를 다하여 반드시 성불할 것입니다. 그래서 저는 당신을 업신여기지 않고 깊이 공경합니다."

이 같은 대답을 들은 사람들 중에는 그를 욕하면서 다음과 같이 화를 내는 사람들도 있었습니다.

"이 어리석고 무지한 비구야! 네가 뭐길래 감히 우리를 업신여기지 않는다고 하면서, 게다가 반드시 성불할 것이라고 장담하느냐? 우리는 너한테 그따위 허망한 말을 듣고 싶지 않다."

그래도 그 스님은 이에 아랑곳하지 않고 "당신은 반드시 성불할 것입니다."라고 대꾸하기만 할 뿐이었습니다. 이럴 때면 주변 사람들은 그를 막대기로 때리거나 돌을 던지기도 했습니다. 이에 그는 달아나면서도 공경한다는 말과 함께 "당신들은 반드시 성불할 것입니다."라고 더욱 크게 외치곤 하였습니다. 이 스님은 임종할 때까지 이런 일을 반복했습니다.

교만한 탓으로 이 스님을 천대했던 사람들은 그를 상불경으로 불렀습니다. 그러나 그들도 나중에는 이 스님의 말을 믿고 따르게 되었습니다. 이 이야기의 요지는 상불경보살의 하심 덕분에 교만한 대중이 《법화경》의 가르침을 들을 수 있게 되었다는 것입니다. 이는 하심으로 중생을 교화한 자비의 사례에 해당합니다. 우리가 이 이야기에서 새겨들을 수 있는 교훈은 교만을 하심으로 극복하는 것도 자비심의 발로라는 것입니다.

다른 사람의 기쁨과 슬픔을 함께하는 마음이 자비

자비는 어느 종교 어느 사회에서나 가장 중시하는 덕목입니다. 물론 사랑도 자비의 일환이지만, 이런 말은 별로 실감나지 않겠지요. 이기심이 깃든 사랑도 많으니까요. 그렇다면 자비를 '이타적인 사랑'이라고 표현하는 것이 낫겠습니다. 이렇게 말하더라도 여전히 자비는 성자들이나 발휘할 수 있는 것이지 우리에게는 해당되지 않는 덕목일 것으로 생각될 것입니다. 자비는 너무 고상하고 지고한 덕목인 탓으로, 오히려 우리의 일상생활과는 동떨어진 것으로 간주되기 쉽습니다.

불교에서 말하는 자비慈悲는 친애와 연민으로 남을 이롭게 하는 것입니다. '자'는 친애하는 것으로 즐거움을 주는 것이고, '비'는 연민하는 것으로 고통을 제거하는 것입니다. 그래서 《화엄경탐현기》에서는 남에게 즐거운 마음을 주는 것을 '자', 남에게서 괴로운 마음을 없애는 것을 '비'라고 설명합니다. 자비가 이런 것이라면, 우리도 일상생활에서 자비심을 일으켜 행동으로 옮긴 경우가 적지는 않습니다. 무심이나 하심도 이와 마찬가지일 것입니다.

우리가 가장 흔하게 참석하게 되는 모임은 누군가를 축하하는 자리일 것입니다. 축하하는 자리는 당연히 기쁨을 함께 나누기 위해 마련되고, 우리는 그 기쁨을 더해 주기 위해 그런 자리에 참석합니다. 이 같은 모임과는 상관없이 다른 사람이 잘된 것을 보고 기뻐한 적도 있었을 것입니다. 특히 역경을 극복하고 성공한 사람에게는 더욱 축하해 주고 싶은 마음이 들었을 것입니다. 이 같은 마음은 자비 중 '자'가 발현한 것입니다.

다쳐서 절뚝거리는 새나 고양이를 보고서 안쓰러운 마음이 든 적은 있겠지요. 어쩌면 직접 치료해 보려고 시도한 적도 있었을 것입니다. 불쌍한 사람을 보고서 동정하거나 위로한 적도 있었을 것이고, 졸지에 재난을 당한 사람들에게 구호성금을 내고 싶은 마음이 든 적도 있었을 것입니다. 물론 그들에게 적선하거나 성금을 보낸 적도 있었을 것입니다. 이 같은 마음은 자비 중 '비'가 발현한 것입니다.

다른 사람의 기쁨과 슬픔을 함께할 수 있는 마음은 자비의 밑바탕입니다. 이런 마음을 일으키는 것은 자비심의 발동입니다. 이제 이런 마음을 행동으로 옮겨, 다른 사람의 슬픔과 고통을 줄이거나 없애 주려고 애쓰는 것은 자비심의 실천입니다. 우리가 그간 자신의 행적을 돌이켜 보면 자비심을 실천한 사례가 전혀 없지는 않았을 것입니다. 그렇다고 해서 '나도 자비심의 실천자다'라고 자부하기는 어렵겠지요. 그 이유는 어쩌다가 혹은 특별한 사람에게만 그런 경우가 있었다고 스스로 알고 있기 때문일 것입니다.

어쨌든 자비심을 일으켜 행동으로 옮긴다는 것이 성자에게만 가능한 일은 아닙니다. 우리에게도 가능한 일입니다. 그런데도 왜 자비심은 평소의 우리에게는 어려운 특별한 덕목처럼 생각되는 것일까요? 이 책에서는 탐욕, 집착, 아집, 교만 등으로 그 이유를 이미 밝혔습니다. 다만 여기서는 우선 교만과 하심에 주목하여 그 이유를 되짚어 볼 수 있습니다.

자비는 나보다 남의 입장을 먼저 생각하는 데서만 가능한 것입니다. 남을 배려하지 않고서는, 즉 나를 앞세우고서는 결코 자비심이 생길 수 없습니다. 앞에서 열거했던 교만한 마음으로는 남을 배려할 수 없습니다. 다시 말해서 자비는 자신을 낮추는 하심에서 우러나올 수 있습니다. 더 거슬러 올라가면 하심은 무심의 발로이고, 무심은 무아의 발로입니다.

그러나 우리가 자비심을 발휘하기 위해 이렇게 헤아려야 할 필요는 없습니다. 이 중에서 쉽게 적응할 수 있는 것을 우선적으로 실천한다면, 나머지는 저절로 뒤따르게 될 것입니다. 그것이 무엇일까요? 아마 하심이 아닐까 싶습니다. 상불경보살과 같은 인내가 필요한 하심을 말하는 것은 아닙니다. 내게는 저 사람보다 더 나은 점이 있을 것이라고 생각하기보다는, 내게는 저 사람보다 더 부족한 점이 있을 것이라는 생각을 먼저 떠올리면, 저절로 하심이 되지 않을까요?

5 하심의 행복

무심과 하심에 길들여지면 번뇌의 온상이었던 아집은 발붙일 곳을 잃게 됩니다. 아집이 발붙이고 있었던 자아 관념이 사라진 탓입니다. 이것이 본래의 진심인 무아의 상태입니다. 이제 우리의 마음은 평온합니다. 다른 번뇌가 또 달려들지라도 다시 무심과 하심에 길들여지는 것으로 평온할 수 있습니다. 그래서 우리는 행복한 것입니다. '나를 버리는 것'이란 이와 같이 행복해지는 것입니다.

불행을 이기고 행복해지는 길

행복의 진영에 있는 무아, 이욕, 무심, 하심은 이처럼 하나로 통하는 마음입니다. 이것들 중 어느 하나만 유지할 수 있으면 우리는 행복의 길로 나아갈 수 있습니다. 이 반대의 진영도 마찬가지입니다. 아집, 탐욕, 집착, 교만 따위에서 어느 하나만 확실하게 제압할 수 있다면, 불행의 길은 행복의 길로 연결될 것입니다.

행복과 불행의 대립

　인도의 고전 중에는 세계 문학사에서도 보기 드문 매우 특별한 희곡 작품이 있습니다. 이 작품의 이름은 《깨달음의 달의 출현》입니다. 11세기 말엽에 작성된 이 희곡의 제목은 진리에 대한 깨달음을 달에 비유한 것입니다. 이 희곡은 일종의 우화이지만, 등장인물이 사람이나 동식물이 아니라 종교와 철학에서 중요하게 취급되는 추상 개념입니다. 다시 말해서 이것은 어떤 실물이 아니라 용어 자체가 등장인물이 되어 사건을 전개해 나가는 희곡입니다. 작자는 이 같은 형식으로 힌두교의 고상한 인생관과 가치관을 극화했습니다.

《깨달음의 달의 출현》은 인도의 종교와 철학에서 통용되는 용어에 대한 상식이 없으면 이해하기 어려운 희곡입니다. 그러므로 여기에서는 그 이야기의 줄거리조차 소개하기 곤란합니다. 그래도 이 작품의 특성을 이해할 수 있을 만큼 그 줄거리의 요점만 간추려 소개하자면 다음과 같습니다.

유일한 최고의 절대자인 자아는 환영과 결합하여 마음을 낳았습니다. 그리고 마음은 각성, 이욕, 미혹, 아집을 자식으로 낳았습니다. 이들 중 각성으로부터 태어난 자식들과 미혹으로부터 태어난 자식들은 각기 가문을 이루어 대립하다가, 마침내 전쟁을 벌이게 됩니다.

처음에는 미혹의 가문이 번영하여 세계를 지배했습니다. 다만 이때 널리 알려진 예언이 있었습니다. 즉, 각성과 우파니샤드가 결혼하여 깨달음과 지혜를 낳게 될 것인데, 깨달음과 지혜가 미혹의 가문을 파멸시킬 것이라는 예언입니다. 물론 이야기는 이 예언대로 진행되어, 각성의 가문이 승리하고 미혹의 가문은 전멸하게 됩니다.

이 전쟁에서 각성의 진영에 속한 것들은 적정寂靜, 자비, 이욕, 만족, 인내 따위입니다. 한편 미혹의 진영에 속한 것들은 아집, 탐욕, 애욕, 쾌락, 분노 따위입니다. 이 진영에서 탐욕은 아집의 자식입니다.

이 같은 이야기의 전개에서 양쪽 진영은 사실상 행복 편과 불행 편으로 나뉘어 있습니다. 각성의 진영은 행복 편이고, 미혹의 진영은 불행 편입니다. 행복 편을 승리로 이끈 주역은 깨달음과 지혜인데, 이것들은 불교에서 추구하는 행복의 원천이기도 합니다. 그리고 이 둘을 지지하는 응원군이 적정, 자비, 이욕, 만족, 인내 따위입니다. 반면에 불행 편의 우두머리는 아집과 탐욕입니다.

이와 같이 행복과 불행을 주축으로 삼자면, 숱한 불전에서 가르치는 내용의 핵심도 그 양쪽 진영으로 배열할 수 있습니다. 사실 이제까지 이 책에서 설명한 주제들이 그 핵심이기도 합니다. 이제까지 설명한 주제들 중 무아, 이욕, 무심, 하심 등은 행복의 진영에 속합니다. 반면에 자아 관념, 아집, 탐욕, 집착, 교만 등은 불행의 진영에 속합니다.

《깨달음의 달의 출현》이라는 희곡에서 설정한 것처럼, 불행의 진영에 속한 것들이 대체로 우리의 인생을 지배합니다. 그렇지만 역시 그 희곡의 예언처럼 우리는 행복의 진영이 승리할 것이라는 희망으로 살고 있습니다. 하지만 희망은 거저 실현되는 것이 아닙니다. 희망을 부추기는 예언은 희망에 상응하는 노력을 요구하는 것이지요. 행복의 진영에 속하는 것들을 강화하든가, 불행의 진영에 속하는 것들을 약화시켜

야 희망은 현실로 도래할 것입니다. 어느 쪽이든 결과는 동일합니다.

무심, 무아는 행복의 원리

불교에서 무아는 단지 자아가 없다는 것을 역설하는 것이 아닙니다. 우리가 갖고 있기 쉬운 그릇된 자아 관념이 집착, 탐욕, 아집 따위의 원인이 된다는 사실을 각성하는 것이 무아입니다. 우리는 이런 각성에 따라 저절로 무심과 하심의 마음가짐을 지향할 수 있습니다. 다른 무엇보다도 먼저 진정한 행복을 이욕에서 찾게 될 것이고, 이욕의 필요성을 실감하게 될 것입니다. 그러므로 무아는 우리에게 행복의 원리가 됩니다.

우리가 비록 무아의 뜻을 다 이해한 것은 아닐지라도, 부처님이 가르친 무아의 취지에 젖어 들 수는 있습니다. 물론 정신이 멍한 상태나 자포자기를 말하는 것은 아닙니다. '내가 왜 이렇게 욕심을 부리지?'라거나 '이렇게까지 집착할 필요는 없지'라고 하면서, 마음을 비웠다는 생각으로 편안해질 때가 있었을 것입니다. 잠시일지언정 적어도 이런 상태는 무심에 젖어 들어 있는 것입니다. 그리고 마음이 편안해짐을 느끼는 것은 이욕 덕분입니다. 이욕으로 무심에 들어서고, 무심으로 이욕에 적응됩니다. 이욕과 무심은 같은 마음입니다. 자신이 알든 모르든 무심은 무아의 결과입니다.

무심은 불행에 휘말리지 않는 마음가짐이지 우리의 활동을 정지시키는 것은 아닙니다. 우리는 오히려 무심 덕분에 더 자유롭게 활동할 수 있습니다. 무심은 말하고 생각하고 움직이는 모든 활동 중에 수시로 달려드는 번뇌를 진압해 주기 때문입니다.

우리의 행동을 제약하는 것은 아집, 탐욕, 집착, 교만 따위의 번뇌이지 무심은 아닙니다. 이러한 번뇌가 우리의 착한 심성을 억누르고 있습니다. 자비는 인간이라면 누구나 발휘하고 싶은 착한 심성입니다. 그러나 그런 번뇌들이 먼저 발동한 탓으로 이런 심성을 발휘할 기회가 별로 없습니다.

우리가 어쩔 수 없이 남에게 해를 끼치는 경우가 있지만, 우리 스스로 이런 일이 본심에서 나온 것은 아니라고 알고 있습니다. 남의 불이익을 자신의 이익으로 취하기보다는 자신의 이익을 남에게 주는 것이 훨씬 더 즐겁다는 것도 알고 있습니다. 그런데도 왜 우리는 본심대로 살지 못하고 그런 즐거움을 먼저 추구하지 못합니까? 우리가 진정으로 바라는 것은, 남이 실패하는 덕분에 내가 성공하는 것보다는 내가 성공하여 다른 사람을 돕는 것입니다. 그런데도 어째서 남이 먼저 성공하면 질투하는 마음이 일어납니까?

불행의 진영에 있는 번뇌들 때문입니다. 아집, 탐욕, 집착, 교만 따위가 발동하기 때문입니다. 무심은 이런 번뇌를 진압하므로 이제 우리의 본심, 즉 착한 심성이 발현될 수 있습니다. 무심으로 발현되는 착한 심성을 행동으로 옮기는 것은 하심입니다. 무심을 능동적으로 실천하는 것이 하심입니다.

행복의 진영에 있는 무아, 기욕, 무심, 하심은 이처럼 하나로 통하는 마음입니다. 그러므로 이것들 중 어느 하나만 유지할 수 있으면 우리는 행복의 길로 나아갈 수 있습니다. 이 반대의 진영도 마찬가지입니다. 아집, 탐욕, 집착, 교만 따위에서 어느 하나만 확실하게 제압할 수 있다면, 불행의 길은 행복의 길로 연결될 것입니다.

재산에 대한 하심

재산에 대해서는 다른 사람들을 고려하는 하심이 필요합니다. 내가 재산을 쌓아 두고 있는 그만큼, 다른 사람에게 필요한 재산은 줄어든다는 생각을 가져야 합니다. 내게 충분한 재산을 덜어 내어 다른 사람들이 사용할 기회를 주는 것이 하심의 발로입니다.

수행자의 재산은 베푸는 데 있다

예나 지금이나 인간이 추구하는 행복은 오욕을 충족하는 데 있습니다. 즉 인간의 보편적인 욕구인 재욕, 색욕, 음식욕, 명예욕, 수면욕을 모두 충족할 수 있다면 누구나 행복할 수 있을 것입니다. 그런데 이 모두를 충족하기란 거의 불가능하지 않을까요? 그중 일부라도 충족할 수 있으면 그나마 다행이겠지만, 어쩌면 한 가지도 제대로 충족하기 어려울지 모릅니다.

그렇다면 생각을 바꾸는 게 어떨까요. 욕구를 채우는 것이 아니라 오히려 줄이거나 버리는 데서 행복을 얻겠다고요. 아니면 아예 다른 욕구로 바꿔 보든가요. 이렇게 하는 것이 하심에 적응하기에 아주 적격일 것입니다. 나를 많이 낮출수록 바라는 것도 그만큼 줄어들겠지요. 예를 들어 많은 재산을 과시하는 것으로 나를 높이고 싶은 생각이 없다면, 굳이 큰 집이나 여러 채의 집을 가질 필요가 없을 것입니다. 또한 나의 욕구를 충족시키는 재산이 반드시 물질이어야 할 필요도 없습니다.

부처님의 설법 중에는 자비희사慈悲喜捨를 재산으로 삼으라고 가르치는 다음과 같은 법문이 있습니다. 이것은 여러 경전에서도 반복되는 유명한 법문입니다.

> 비구들이여! 수행자에게는 많은 재산이 있습니다. 무엇이 그 재산입니까? 수행자에게는 친애하는 마음이 있어, 이 마음이 사방을 가득 채웁니다. 그는 이 친애하는 마음으로 근심 없이 온 세상을 가득 채웁니다. 수행자에게는 연민하는 마음이 있어, 이 마음이 사방을 가득 채웁니다. 그는 이 연민하는 마음으로 근심 없이 온 세상을 가득 채웁니다. 수행자에게는 기뻐하는 마음이 있어, 이 마음이 사방을 가득 채웁니다. 그는 이 기뻐하는 마음으로 근심 없이 온 세상을 가득 채웁니다. 수행자에게는 평정한 마음이 있어, 이 마음이 사방을 가득 채웁니다. 그는 이 평정한 마음으로 근심 없이 온 세상을

가득 채웁니다. 비구들이여! 바로 이것이 수행자의 재산입니다.

이 법문에서 친애하는 마음은 자慈, 연민하는 마음은 비悲, 기뻐하는 마음은 희喜, 평정한 마음은 사捨를 가리킵니다. 불교에서는 이 자비희사를 사무량심이라고 합니다. 법문에서 설명한 것처럼, 자비희사는 한없이 베푸는 마음이기 때문에 무량심입니다. 자비희사 중 자비는 앞에서 설명한 그대로입니다. 희는 착한 사람들을 보면 기뻐하는 것입니다. 사는 모든 사람을 평등하게 생각하여, 악한 사람들을 보더라도 화내거나 비난하지 않고 평정을 잃지 않는 것입니다.

우리는 수행자가 아닌지라, 자비희사를 재산으로 삼아 살아가기는 어려울 것입니다. 그렇기는 하지만 자비희사의 바탕인 하심을 유지한다면, 물질적 재산만을 행복으로 여기지는 않을 수 있을 것입니다.

재물은 움직여야 모두에게 이익이 된다

우리가 살아가는 데는 물질적 재산이 필요하다는 것을 아무도 부정할 수는 없습니다. 그러나 살아가는 데는 충분한 재산을 갖고 있으면서도 계속 재산을 부풀리는 것은, 결코 충족될 수 없는 지나친 탐욕과 집착입니다. 자식과 그 다음의 후손까지 행복을 보장해 주려는 탐욕과 집착입니다. 그러나 자신이 죽고 난 후, 그 재산 덕분에 정말 후손이 행복하게 되는지는 확인할 수도 없고, 재산에 대한 탐욕과 집착 때문에 부모형제간에 다투어 불행해지는 일이 더 많습니다.

재산에 대해서는 다른 사람들을 고려하는 하심이 필요합니다. 내가 재산을 쌓아 두고 있는 그만큼, 다른 사람에게 필요한 재산이 줄어든다는 생각을 가져야 합니다. 내게 충분한 재산을 덜어 내어 다른 사람들이 사용할 기회를 주는 것이 하심의 발로입니다.

근세의 일본에서 작성된 《원법어猿法語》라는 책은 비판적인 불서로 주목을 받아 왔습니다. 이 책에는 재산에 대해 방금 말한 것과 같은 생각이 잘 드러나 있습니다. 그 내용을 이해하기 쉽게 소개하면 다음과 같습니다.

> 금은보화는 온 세상의 재물입니다. 그러므로 그것은 갖고 있는 사람의 전유물이 아닙니다. 그것은 남이 갖고 있다고 하더라도 남의 것이 아니며, 내가 갖고 있다고 하더라도 나의 것이 아닙니다. 재물을 갖고 있기만 하면

서 사용하지 않는다면, 그만큼 다른 사람도 그것을 사용할 수 없습니다. 이는 마치 돌을 쌓아 두고 있는 것과 같습니다.
그러므로 재물은 어떤 식으로든 남에게 사용하는 데서 쓸모가 있는 것입니다. 자신의 수중에 있는 재물을 남에게 내 주고, 또 다른 데서 재물을 모을 때라야 재물은 쓸모가 있습니다. 재물은 이렇게 움직이는 것으로 남에게 이익이 되고, 그 소유자에게도 이익이 될 수 있습니다.

《원법어》의 저자는 재산에 대해 이와 같이 생각하는 것이 바른 도리이자 자비와 평등의 정신이라고 말합니다. 또한 이런 생각으로 장사하는 것이 깨달음의 길이며, 미래의 일도 염려하거나 고뇌할 이유가 없게 될 것이라고 말합니다.

사실이 그렇습니다. 남길 재산이 없어서 생기는 고민보다는 남길 재산이 많아서 생기는 고민이 더 클 것입니다. 재산은 집착의 온상인지라, 재산이 많으면 집착거리도 그만큼 많게 되기 때문입니다. 미래의 일을 염려하여 번뇌에 빠지는 것은 쌓아 둔 재산 때문이지, 있지도 않은 재산 때문은 아닙니다. 어쩌면 돌을 쌓아 놓고서는 이것 때문에 염려하고 번뇌에 빠지는 꼴이 될지도 모를 일입니다.

명예욕에 대한 하심

무심으로 자신의 일에 전념하면서, 결과를 얻을 때마다 아직도 나는 부족하다고 자인하는 하심으로 계속 노력하는 과정에서 형성된 것이 명예입니다. 명예는 항상 하심과 함께합니다. 하심이야말로 진정한 명예이고 행복일 것입니다.

명예욕, 학벌사회에 대한 신랄한 비판

아마 영국이 낳은 세계적인 극작가인 셰익스피어를 모르는 사람은 거의 없을 것 같습니다. 그런데 셰익스피어의 학력이 시골 중등학교를 중퇴한 수준이고, 열여덟 살에 여섯 살 연상의 여인과 결혼하여 무작정 런던으로 상경했다는 그의 전력을 아는 사람은 그다지 많지 않을 듯합니다.

이 때문일까요? 그의 희곡에는 학문이나 지식에 대해 상당히 양극단에 가까운 생각이 드러나 있습니다. 예를 들어 《헨리 6세》에는 "무지는 하나님의 저주이며 지식은 천국으로 날아가는 날개이다."라는 대사가 있습니다. 그런가 하면 《사랑의 헛수고》에는 다음과 같은 대사가 있습니다.

> 학문이란 하늘에 작열하는 태양과 같은 것이어서, 아무리 눈을 찌푸려 보아도 깊이 볼 수 없는 것이지요. 꾸준히 해 보았자 얻는 소득이란 보잘 것 없고, 기껏해야 남의 책에서 얻는 알량한 지식 나부랭이밖엔 별것 없지요.

장담할 수는 없지만, 셰익스피어의 이런 재담이 일종의 콤플렉스에서 나온 것이라고는 생각되지 않습니다. 이 대사는 학문과 지식의 한계와 맹점을 잘 지적한 것으로 인정할 수밖에 없습니다.

우리들 중 대부분은 조나단 스위프트의 《걸리버 여행기》를 동화책이나 만화책, 혹은 영화로 접한 적이 있을 것입니다. 어쨌거나 이 책은 어린이를 위한 이야기가 아니라 어른을 위한 풍자 소설입니다. 작자는 이 책에서 18세기를 전후로 하는 영국의 상류 사회를 익살맞으면서도 신랄하게 비꼬고 있습니다. 예를 들자면 지식인을 다음과 같이 풍자합니다.

> 그러나 명예, 정의, 지혜, 학식에 대해서는 세금이 전혀 부과되지 않을 것이다. 왜냐하면 이것들은 너무나 괴상한 특성이 있어서, 이웃사람이 지닌 이것들을 인정하거

나, 자기가 지닌 이것들을 높이 평가할 사람은 하나도 없기 때문이다.

이게 무슨 말입니까? 소위 지식인이 갖고 있다는 명예, 정의, 지혜, 학식 따위는 아무런 가치가 없으므로 이것들에 세금을 부과할 리가 없다고 말하고 있는 것입니다. 이보다 더 신랄하게 학자들을 비꼬는 이야기도 있습니다. 걸리버가 마법사들의 섬인 글룹둡드리브에서 겪었다는 이야기입니다. 이 섬에 사는 마법사들은 저승에 있는 유령을 불러낼 수 있는 능력을 갖고 있었습니다. 과거에 죽은 사람이면 누구든지 그 유령을 모두 불러낼 수 있습니다.

이 섬의 총독은 나이가 가장 많은 마법사입니다. 총독은 어느 날 밤의 향연에 호메로스와 아리스토텔레스를 비롯한 여러 명사들의 유령을 불러냈습니다. 아리스토텔레스가 고대 그리스의 유명한 철학자라는 것은 모두들 잘 알고 있을 것입니다. 아리스토텔레스보다 훨씬 이전에 생존했던 호메로스는 예부터 가장 유명한 고전인 《일리아드》와 《오디세이》의 저자로 알려진 시인입니다.

걸리버가 평소 가장 궁금했던 것은, 그들의 저서를 해설한 후대의 주석가들이 과연 원저자의 생각을 제대로 전달했는가

하는 문제였습니다. 주석가는 고전을 연구하여, 그 원저자의 생각을 그대로 읽어 내어 전달하는 학자입니다. 걸리버는 이제 평소의 궁금증을 풀 수 있게 되었다는 기대를 갖고 그 유명한 원저자들을 직접 만나 보았습니다. 그런데 이 자리에서 걸리버는 호메로스와 아리스토텔레스가 그런 주석가들을 전혀 모르고 있다는 사실을 알아챘습니다. 그들은 자기들의 책을 해설한 주석가들을 본 적도 없고 그들의 이름을 들은 적도 없었던 것입니다.

걸리버는 이 자리에 참석한 다른 유령에게 그 주석가들이 저승에서는 어떻게 지내는지 물어보았습니다. 그랬더니 그 유령은, 저승에서는 그 주석가들이 호메로스와 아리스토텔레스로부터 가장 멀리 떨어진 구역에서 언제나 수치와 죄책감에 휩싸인 채 머물러 있다고 말했습니다. 왜냐하면 그들은 원저자들의 생각을 너무나도 제멋대로 뒤틀어서 후세에 잘못 전달했기 때문이라는 것입니다. 자신들의 거짓 학식이 들통날까봐 원저자들의 눈에 띄지 않으려는 것이지요.

이상에서 소개한 이야기들을 듣고 나니 어떻습니까? 학식이나 지식을 뽐내는 사람들을 비꼬는 것이 고소하지 않습니까? 고소한 것은 사실입니다. 그러나 지식인으로 자처하는 사람들을 폄하하려는 뜻으로 이런 이야기를 소개한 것은 아닙니다. 명예욕의 허망함을 일깨우려는 의도로 이런저런 이야기를 소개한 것입니다. 학식이나 지식으로 명예를 좇는 것은 부질없는 욕심에 지나지 않습니다. 그런데도 명예욕을 가장 부추기기 쉬운 것이 학식이나 지식입니다. 아직도 여전히 학벌을 따지기 좋아하는 우리의 현실에서는 더욱 그렇습니다.

명예욕은 아주 독한 아집의 산물

앞에서 열거했던 인간의 다섯 가지 보편적인 욕구 중에서 명예욕은 다른 나머지 것들브다 생명력이 질긴 욕구입니다. 다른 욕구들과는 달리 명예욕은 재욕과 함께 죽을 때까지 지속될 수 있습니다.

색욕, 음식욕, 수면욕과 같은 욕구는 노년에 접어들기 시작하면 수그러들 수밖에 없습니다. 이에 반해 특히 명예욕은 철이 들고 나서부터는 나이가 들수록 기세를 떨치는 경향이 있습니다. 명예욕이 기세를 떨치기 시작하면 다른 욕구들 중의 일부는 수그러들기도 합니다. 더욱이 명예욕은 자신이 죽고 난 다음의 영원을 기약하며 기세를 부립니다.

자신의 이름으로 자기 정체성을 과시하려는 욕구가 명예욕입니다. 자기 정체성이란 자아에 다름 아닙니다. 자신의 이름을 자아와 동일시하여, 그 이름에 집착하는 것이 명예욕입니다. 이런 명예욕은 아주 독한 아집의 산물입니다.

자신이 자랑할 만한 갖가지 재능이나 특기는 명예욕을 유발하게 마련입니다. 그리고 그런 것들 역시 아집과 결부되어 있습니다. 다만 아집과 밀착해 있는 강도로 보면 학식이나 지식으로 얻고자 하는 명예욕이 단연 으뜸일 것입니다. 그래서 여기서는 학식이나 지식을 명예욕의 대표적인 예로 들고 있는 것입니다.

학식이나 지식은 언제 어디서나 타당한 객관적인 진실이라고 포장됩니다. 하지만 이 포장은 자기 생각, 즉 주관에 의해 이루어집니다. 이 때문에 아집과 가장 밀착하기 쉬운 것이 학식이나 지식입니다. 이에 관해서는 한 번 더 경청할 만한 지적이 있습니다. 일본의 한 저명한 학자는 《비판불교》라는 책에서 다음과 같이 역설합니다.

> 학문은 포장된 지식이라는 재산의 무게에 눌려 죽고 있습니다. 학자들은 재산의 정리나 분류에 몰두하고 있을 뿐, 뭔가 더 새로운 것을 풍부하게 더하지 않습니다. 언뜻 보기에 그럴 듯하기도 하고 그렇지 않은 듯하기도 한

> 데에는 이유가 있습니다. 학자들의 교묘한 슬기와 허영
> 심에는 끝이 없고, 이 덕분에 그럭저럭 '진실인 것처럼
> 보이는 것'이 얼마쯤은 나타나기 때문입니다. 그것이 자
> 기를 속이고 다른 사람을 그르치게 하고 있습니다.

이 같은 지적이 학자 또는 지식인에게는 너무 가혹한 게 아닌가 싶습니다. 하지만 이런 지적에 공감하는 자체가 하심일 것입니다. 도무지 공감할 수 없다면, 혹시 내가 교만에 빠져 있는 게 아닌가 하고 반성해 볼 필요가 있습니다. 중세에 영국의 유명한 시인이었던 밀턴은 《실낙원》에서 다음과 같이 충고합니다.

> 지식은 음식물과 같아, 마음이 용납할 수 있을 만큼 적
> 당히 알기 위해서는 역시 욕망을 절제할 필요가 있습니
> 다. 그렇지 않으면 과식으로 고통 받아 곧 자양분이 헛
> 되듯이, 지혜는 어리석음이 되어버립니다.

밀턴은 여기서, 과식은 음식에 있는 양분을 쓸모없게 만들어 버리듯이, 과도한 지식은 지혜가 아니라 어리석음이 되어버릴 것이라고 충고하고 있습니다. 그가 여기서 지식을 얻는 데도 욕망을 절제할 필요가 있다고 말한 것은 명예욕을 절제할 필요가 있다는 뜻이 아닐까요? 밀턴이 명예욕까지 염두에

둔 것은 아닐지도 모르지만, 명예욕을 절제하라는 뜻으로 이해하는 것을 결코 반대하지는 않을 것 같습니다.

학식이나 지식을 포함하여, 자신의 재능이나 특기를 충분히 발휘하는 것으로 명예를 얻게 된 것은 좋은 일입니다. 이같은 명예는 저절로 형성되는 것이지 억지로 만들어 낼 수 있는 것은 아닙니다. 이러한 명예는 사실상 하심의 열매입니다. 무심으로 자신의 일에 전념하면서, 결과를 얻을 때마다 아직도 나는 부족하다고 자인하는 하심으로 계속 노력하는 과정에서 형성된 것이 명예입니다. 명예는 항상 하심과 함께합니다. 하심이야말로 진정한 명예이고 행복일 것입니다.

그러나 명예를 애써 만들고자 하는 명예욕은 이와 정반대입니다. 이런 명예욕은 아집과 교만을 동반하기 때문입니다. 이런 명예욕은 스스로 굴레가 되어 과욕과 좌절을 자초하기 일쑤입니다. 이런 명예욕을 치유할 수 있는 것은 하심뿐입니다.

현대인들에게 절실한 하심

무심과 하심에 달라붙을 마귀는 없습니다. 지독한 마귀는 어쩌면 무심에게도 달라붙으려 시도할지 모릅니다. 하지만 하심에게는 그런 시도마저 포기할 것이 분명합니다. 하심에는 마귀의 먹이가 될 교만이 없는 대신 마귀가 가장 싫어하는 자비만 깃들어 있기 때문입니다.

환락으로 일그러진 빛의 도시

요즘에는 길거리에서나 지하철에서나 고개를 숙이고 다니는 사람들이 태반입니다. 심지어는 회의하는 자리에서도, 모처럼 함께 어울리는 모임에서도 고개를 숙이고 있는 사람들이 적지 않습니다. 모두들 하심에 잘 적응된 탓으로 고개를 숙이는 습관이 몸에 배게 된 것일까요? 그 이유는 말하지 않아도 잘 알고 있을 것입니다. 휴대폰이나 스마트폰 또는 이와 비슷한 것을 보면서 뭔가 하고 있는 것이지요. 물론 하심과는 전혀 무관합니다. 오히려 그 반대지요. 주변 일은 나 몰라라 하고, 아마 SNS 등을 통해 서로를 알리는 데 열중하고 있을 것입니다.

요즘 사람들은 너나 할 것 없이 모두가 연예인입니다. 인터넷과 SNS사회관계망 서비스가 대중화되면서 블로그, 트위터, 페이스북 따위로 너무나도 쉽게 자기를 많은 사람들에게 알릴 수 있게 되었습니다. 그래서 모두들 서로 이름 알리기에 혈안이 되어 있는 듯합니다. 그러다 보니 반짝 인기인이 수시로 출몰합니다.

명예욕은 발동하지만 명예는 간 데 없고 인기만이 잠시 반짝이다 사라지곤 합니다. 바라든 바라지 않든 우리는 명예욕의 소용돌이에 휘말려 있습니다. 누군가 인기로 명예를 얻을 듯하면, 이내 이것을 훼손하는 반격이 뒤따릅니다. 효과가 탁월한 반격은 명예가 되지만, 이 역시 다른 반격으로 잠시 명멸할 뿐입니다. 이 세태는 마치 다음과 같은 양상입니다.

> 그들은 우리가 경계를 하면 남달리 조심스럽고 소심하다고 여기고, 분별력 있게 행동하면 약삭빠르다고 생각하며, 우리 신앙을 지키면 불신자라고 낙인찍고, 적들이 범접하지 못하도록 우리 물품을 보관하면 탐욕스럽다고 비난하며, 지식을 습득하면 야심가라고 말하고, 선행을 베풀면 주변의 환심을 사기 위한 위선이라고 헐뜯습니다.

위에서 지적하고 있는 양상은 오늘날의 세태가 아닙니다. 실은 13세기 중국의 어느 도시에 사는 사람들을 묘사한 것입니다. 이탈리아의 유대인으로 '야콥 단코나'라는 상인은 《동방견문록》으로 유명한 마르코 폴로보다 먼저 중국을 방문하여, 《빛의 도시》라는 여행기를 남겼습니다. 위에 소개한 내용은 이 책에서 따온 것입니다. 그가 말하는 '빛의 도시'는 중국의 국제적인 무역항이었던 츠퉁[刺桐]이라고 합니다.

요즘 우리는 인터넷이나 SNS로 약 800년 전에 살았던 사람들의 모습을 더욱 신속하게 재현하고 있습니다. 어디 이뿐이겠습니까. 진정 추구해야 할 행복은 간 데 없고 환락만이 설치고 있습니다. 물론 과거에도 그랬기는 합니다만, 특히 요즘에는 편리한 도구가 행복의 개념을 환락으로 바꾸어 버린 것 같습니다.

요즘 우리의 사회야말로 '빛의 도시'에 딱 들어맞습니다. 앞서 말한 여행기 《빛의 도시》에서 한 현자가 질타하는 도시인의 타락상은 지금의 우리를 뜨끔하게 하기에 충분합니다.

> 오늘날에는 도박과 간음을 나쁘다고 여기기는커녕 쾌락의 수단으로 생각하고 심지어 살인을 저질러야 마음의 위안을 얻는 자들마저 있습니다. 그뿐 아니라 우리의 젊은이들은 위험 속에서 태평하게 사는 데 그치지 않고 다

른 사람들이 해를 입는 것을 보고 즐거워합니다. 천하의 무질서가 극에 달했기 때문입니다. 모든 사람은 결국 그러한 환락에 속게 되는데도 불구하고 너 나 할 것 없이 환락을 찾아서 동분서주합니다. 사람들은 자기가 그저 좀 즐기는 것뿐이라고 생각하는 동안 점점 사악한 인간으로 타락합니다. 왜냐하면 사악한 길을 걷다보면 사람 그 자체가 사악해지기 때문입니다.

여러분은 이러한 질타에 해당하지 않을 것으로 믿습니다. 그래도 약간의 가책을 느끼면서 '그저 좀 즐기는 것뿐'이라는 생각이 들지는 않는가요? 그렇다면 이것을 변명거리로 여기지 말고 조심해야 합니다. 위에서 현자가 말하듯이, 그런 변명이 잦다 보면 자신도 모르는 사이에 사악한 인간으로 타락해 버릴 수도 있을 테니까요.

무심과 하심에 달라붙을 마귀는 없다

어쨌든 지금 내가 환락에 속게 될 것이 뻔한데도 환락을 찾아서 동분서주하고 있는 것은 아닌지 돌이켜 볼 필요는 있을 것입니다. 내가 추구하고 있는 행복이 실은 환락과 같은 것이 아닌지도 다시한번 반성해 보는 것이 좋겠습니다. 행복인지 환락인지도 구분하기 귀찮거나 애매하다면, 그것이 무엇이든 하심으로 추구하겠다고 작정하길 바랍니다. 가장 간단한 대책입니다.

우리에게 환락을 부추기는 것은 한마디로 비유하자면 악마요, 마귀입니다. 부처님의 정각을 방해했다는 마왕이 바로 그런 것이지요. 수행자였던 부처님에게도 마귀가 달라붙으려 했다면, 우리에게는 오죽하겠습니까. 우리의 신앙이 아무리 돈독할지라도, 마귀와 같은 것이 언제라도 우리에게 달라붙을 수 있습니다. 그래서 소설《악마의 시》에서 이렇게 말하는 것도 수긍할 만합니다.

"이 행성의 정신세계는 크게 잘못돼 있어. 신을 믿는다는 사람들의 마음속에 너무 많은 마귀들이 들어 있거든."

일본의 고승이 저술한 유명한 불전인 《정법안장》에서는 명예와 이익에 사로잡혀 있는 한, 마귀의 방해를 피할 수 없다고 말합니다. 요즘과 같은 현대 사회의 세태로 보면, 명예와 이익으로 얻고자 하는 행복은 다름 아닌 환락일 것입니다. 그러므로 우리는 마귀의 방해를 피할 수 없습니다.

그러나 무심과 하심에 달라붙을 마귀는 없습니다. 지독한 마귀는 어쩌면 무심에게도 달라붙으려 시도할지 모릅니다.

하지만 하심에게는 그런 시도마저 포기할 것이 분명합니다. 하심에는 마귀의 먹이가 될 교만이 없는 대신, 마귀가 가장 싫어하는 자비만 깃들어 있기 때문입니다.

나를 버리고 얻는 참된 행복

무심과 하심에 길들이는 것으로 번뇌의 온상이었던 아집은 발붙일 곳을 잃게 됩니다. 아집이 발붙이고 있었던 자아 관념이 사라진 탓입니다. 이것이 본래의 진심인 무아의 상태입니다. 이제 우리의 마음은 평온합니다. 다른 번뇌가 또 달려들지라도 다시 무심과 하심에 길들이는 것으로 평온할 수 있습니다. 그래서 우리는 행복한 것입니다.

욕구라는 색안경을 쓰고 보면 행복을 누릴 수 없다

브라질의 작가로 명성을 떨치고 있는 파울로 코엘료는 《연금술사》라는 소설로 우리에게도 잘 알려져 있습니다. 《연금술사》는 인도 철학의 색채를 띠는 소설입니다. 인도 철학에서 통용되는 세계관을 이 소설에서도 음미할 수 있기 때문입니다. 작가가 일부러 이런 색채를 사용한 것인지 아닌지는 모르겠습니다. 이 소설에 나오는 다음과 같은 대사는, '모든 것은 단지 마음이 지어낸 것일 뿐'이라는 《화엄경》의 명구를 떠오르게 합니다.

"나 역시 다른 사람들과 똑같아. 어떤 일이 실제로 일어나는 대로 세상을 보는 게 아니라 그렇게 되었으면 하고 바라는 대로 세상을 보는 거지."

이 대사에서 '그렇게 되었으면 하고 바라는' 것이 욕구입니다. 이런 욕구는 사소한 듯하지만, 세상까지 자기 뜻대로 바라보게 만듭니다. 이 때문에 우리는 욕구에 들어맞는 것만 진실로 여기고 이것을 얻고자 애쓰게 됩니다. 욕구는 욕심이 되고 탐욕이 됩니다. 욕구가 이렇게 발동하는 경우에는 진실도 없고 행복도 없습니다. 욕구라는 색안경을 쓰고 맨눈에 드러나는 진실과 행복을 찾는 꼴이기 때문입니다. 색안경에 비치는 세계는 마음마저 물들입니다.

잡색에 물든 마음이 평온할 수는 없겠지요. 그런데도 우리는 그런 욕구로 세상을 바라보면서 실상을 외면한 채 물든 마음을 진심이라고 우기면서 살아갑니다. 이것이 아집입니다. 부처님이 탐욕과 아집을 버리도록 우리를 인도하는 데 주력한 이유가 여기에 있습니다.

부처님의 모든 가르침에서 추출할 수 있는 한결같은 요지는 사실상 탐욕과 아집을 버리라는 것입니다. 우리가 진정한 행복을 누릴 수 있는 최선의 방법은 이 요지를 따르는 것입니다. 불교에서는 진정한 행복을 해탈이라든가 열반이라는 말로 표현합니다. 말로는 어떻게 표현하든 불교에서 가르치는 진정한 행복은 마음의 평온입니다. 이런 평온을 얻는 데는 재욕, 색욕, 음식욕, 명예욕, 수면욕 따위가 필요하지 않습니다. 이런 욕구들은 평온을 흩트리는 번뇌가 될 뿐입니다.

하심, 오직 한 가지 남겨두어야 할 집착

우리가 살아가는 한, 번뇌와 함께하지 않을 수는 없습니다. 그러나 번뇌와 함께하더라도 번뇌의 소용돌이에 말려들지 않은 채 살아갈 수는 있습니다. 번뇌의 소용돌이에 말려들지 않을 유일한 길은 무심과 하심에 길들여지는 것입니다.

무심과 하심에 길들여지면 번뇌의 온상이었던 아집은 발붙일 곳을 잃게 됩니다. 아집이 발붙이고 있었던 자아 관념이 사라진 탓입니다. 이것이 본래의 진심인 무아의 상태입니다. 이제 우리의 마음은 평온합니다. 다른 번뇌가 또 달려들지라도 다시 무심과 하심에 길들여지는 것으로 평온할 수 있습니다. 그래서 우리는 행복한 것입니다. '나를 버리는 것'이란 이와 같이 행복해지는 것입니다. 무심과 하심으로 무아를 실현하는 것을 간단히 표현하여 '나를 버리는 것'이라고 말한 것입니다.

부처님은 자아라든가 영혼이 있는가 없는가 또는 그런 것의 정체가 무엇인가 하는 따위의 문제에 관심을 두었던 것은 아닙니다. 부처님의 관심은 불행의 원인을 파악하여 이 원인을 해소하는 데 있었습니다. 그리고 그 원인은 인간 자신에게 있음을 깨달았습니다. 그 원인은 요컨대 나를 잘못 아는 무지의 굴레입니다. 이제 무지의 굴레를 간단히 설명하는 것으로 이 책을 마무리할 생각입니다. 그리고 이것이 이 책의 요점입니다.

우리는 그동안 나의 자아를 잘못 알고 살아왔습니다. 반드시 순수하거나 진실한 지성도 아니며 영원히 존재하는 실체도 아닌 자아를 이와는 반대의 것으로 알고 있었던 것입니다. 이는 그릇된 자아 관념이자 착각입니다. 이 착각으로 우리는 자아에 대한 집착, 결국 나에 대한 집착인 아집에 빠진 채 살아왔습니다.

아집은 그릇된 자아 관념이 초래한 최악의 병폐입니다. 아집은 행복을 추구한다면서 사실은 불행을 양산하는 탐욕을 동반하기 때문에 최악의 병폐입니다. 이 병폐는 탐욕을 버리는 이욕으로 치유할 수 있습니다. 물론 아집을 버릴 수 있으면 이욕은 한결 더 수월하게 가능할 것입니다. 아집은 모든 집착의 우두머리입니다. 그러므로 내게는 아집이 없다고 생각되거든 집착을 아집으로 여겨야 합니다.

모든 집착은 버려야 할 것이지만, 하심에 대한 집착은 남겨 두길 바랍니다.